2014
中国金融市场发展报告

CHINA FINANCIAL MARKET DEVELOPMENT REPORT

中国人民银行上海总部
《中国金融市场发展报告》编写组

中国金融出版社

责任编辑：张　驰
责任校对：刘　明
责任印制：裴　刚

图书在版编目(CIP)数据

2014中国金融市场发展报告(2014 Zhongguo Jinrong Shichang Fazhan Baogao)/中国人民银行上海总部《中国金融市场发展报告》编写组.—北京：中国金融出版社，2015.4

ISBN 978-7-5049-7908-7

Ⅰ.①2… Ⅱ.①中… Ⅲ.①金融市场—研究报告—中国—2014 Ⅳ.①F832.5

中国版本图书馆CIP数据核字(2015)第065227号

出版
发行　中国金融出版社

社址　北京市丰台区益泽路2号
市场开发部　(010)63266347，63805472，63439533 (传真)
网上书店　http://www.chinafph.com (010)63286832，63365686 (传真)
读者服务部　(010)66070833，62568380
邮编　100071
经销　新华书店
印刷　北京侨友印刷有限公司
尺寸　210毫米×285毫米
印张　10.5
字数　219千
版次　2015年4月第1版
印次　2015年4月第1次印刷
定价　98.00元
ISBN 978-7-5049-7908-7/F. 7468

Committee 编写委员会

2014 中国金融市场发展报告
CHINA FINANCIAL MARKET DEVELOPMENT REPORT 2014

主　任：孙　辉　纪志宏

副主任：周荣芳

成　员（按姓氏笔画排序）：

王振营　白伟群　冯润祥　匡小红　杜要忠　祁国中
宋钰勤　郭　伟　沈　伟　张晓刚　张　漪　周荣芳
陈晓升　徐　忠　吴显亭　邹　澜　黄燕铭　谢　多

执笔并统稿：

陈晓虹　刘　彦　颜永嘉　叶可松　纪慧松　邹　琼

其他执笔人（按姓氏笔画排序）：

牛少锋　马贱阳　王　珂　王　莹　王雯珠　孔　燕
闫丽娟　闫晓梅　杜海均　宋双杰　宋　煜　吴凤丹
李　霖　李建云　李冀申　李　麟　汪办兴　朱永行
邢莹莹　张生举　程建胜　邹　江　杨　婕　周永坤
周庆武　周　舟　陈　华　陈光新　荣艺华　胡迎春
高　飞　袁沁敔　唐卫峻　唐　烈　钱康宁　徐　乾
郭　久　郭　芳　盛韦华　黄凌燕　曹媛媛　曾令美
曾梓梁　蒋健蓉　雷电发　常鑫鑫　戴　赜

Contents 目录

2014 中 国 金 融 市 场 发 展 报 告
CHINA FINANCIAL MARKET DEVELOPMENT REPORT 2014

第一章 总 论

2014年，面对复杂多变的国际环境和艰巨繁重的国内改革发展稳定任务，中国经济在全面深化改革和做好宏观调控的预调微调等的基础上，实现了合理区间运行，经济结构出现积极变化，为金融市场的持续创新与规范发展提供了现实基础。从全年的运行情况看，金融市场的市场规模显著扩大、结构更加完善、创新不断推出、制度规范日益健全、对外开放稳步推进、支持实体经济发展能力进一步提高。

一、2014年中国金融市场发展的宏观环境分析

（一）国际经济与金融形势分析

2014年，世界经济总体延续缓慢复苏态势，不同经济体复苏程度和宏观经济政策之间分化更为明显，国际金融市场大幅波动，更加分化。

1. 发达经济体复苏出现分化，新兴市场经济体存在下行压力

2014年发达经济体复苏出现分化。美国经济重新加速，失业率不断改善；欧元区经济复苏乏力，失业率仍较高；日本经济产出大幅下挫；新兴市场国家经济增速普遍放缓，全球贸易和跨国直接投资增速弱于预期。

（1）发达经济体复苏分化

美国经济复苏态势继续巩固，宏观经济政策回归正常渠道。2014年初，美国出现罕见的极寒天气，导致第一季度经济产出环比负增长2.9%，创下5年来的最低值。随着极寒天气影响的消退，第二季度，美国工业生产和固定资产投资加速，家庭消费支出温和上涨，经济开始反弹，第二季度实际GDP环比折年率上升为4.6%，全年增长率为2.2%。就业市场持续改善，12月美国失业率降至5.6%，处于国际金融危机以来的最低水平。上半年美国CPI每月同比增速有所上升，最高达到2.1%，但下半年CPI增速回落，12月降至0.8%，处于美联储2%的目标区间，通胀压力较为温和。2014年10月末，美联储停止购买长期国债和抵押贷款支持证券，但仍维持0～0.25%的低水平联邦基金利率。

欧元区经济复苏乏力。2014年欧元区经济仍保持2013年的增长水平，各季度实际GDP环比折年率分别为0.3%、0.1%、0.2%和0.1%。通胀率保持低位，12月欧元区CPI同比增速为-0.2%，为近五年来的最低水平。失业率依然高企，12月处于11.4%的水平。为引导银行资金流向实体经济，尤其是刺激中小企业信贷，欧洲央行于2014年6月5日宣布推出一揽子宽松货币政策，包括引入定向长期再融资操作（TLTRO）、筹备资产抵押证券（ABS）购买计划、延长固定利率全额配给主要再融资操作（MRO）至2016年末、暂停证券市场计划（SMP）购债冲销操作等措施。

日本经济产出大幅下挫。2014年4月，日本政府将消费税从5%提高到8%，负面影

响迅速显现，保持14个月上升趋势的CPI同比增速在5月即出现逆转，不断下行，12月跌至2.5%；经济产出大幅下挫，实际GDP环比折年率由第一季度的5.8%降至第二季度的-6.7%和第三季度的-1.9%，经济处于衰退边缘。针对这一情况，日本央行于10月30日决定进一步扩大量化宽松规模。随后，日本政府于11月18日宣布，将再次上调消费税的时间推迟18个月至2017年4月。

（2）新兴市场经济体增速普遍放缓

2014年新兴市场经济体增速普遍放缓，经济下滑的国家大约占80%，包括俄罗斯、巴西等金砖国家。国际货币基金组织（IMF）预计，2014年全年新兴市场和发展中国家增速为4.4%，较2013年的增长率下降0.3个百分点。此外，据IMF估计，与2011年相比，新兴市场经济体潜在增长率将下滑1.5个百分点。

（3）全球贸易和跨国直接投资增速弱于预期

受制于欧、日等发达经济体低迷及新兴市场经济体增速放缓，全球贸易和跨国直接投资增速弱于预期。据世界贸易组织（WTO）统计，2014年上半年全球货物贸易量同比增长1.8%，低于2013年全年增速0.3个百分点，其中发达国家出口增长1.6%，发展中国家出口增长2.1%；根据WTO预计，2014年全年全球贸易量增长3.1%，略高于2013年的水平。联合国贸发会议（UNCTAD）预计，2014年全球跨国直接投资额为1.6万亿美元，较2013年的1.45万亿美元增长了10.34%，较2013年7.41%的增幅有所提升，但仍处于1980年至本轮国际金融危机前的平均增速的底部区域。

2. 国际金融市场大幅波动，市场风险加大

2014年，美国退出量化宽松货币政策，欧洲实施量化宽松货币政策，日本扩大量化宽松规模，加上地缘政治博弈等上述因素均影响着国际金融市场走势。欧元拆借利率由升转降，发达国家国债收益率普遍下行，新兴市场国家国债收益率则因各自原因出现分化；美元对多数货币汇率走强，俄罗斯卢布暴跌；美国股市上涨，欧日股市出现不同程度下跌，新兴市场经济体股市多数上行；原油价格大幅下跌，农产品和金属价格普遍走弱。

（1）欧洲美元拆借利率保持低位水平，欧元拆借利率由升转降

从2014年1月开始，美联储逐次缩减资产购买规模，并于10月末宣布停止资产购买，但联邦基金利率仍维持在0～0.25%的低水平，因此欧洲美元拆借利率全年处于低位水平，3个月美元LIBOR基本保持在0.23%的水平上下小幅波动。2014年初欧元拆借利率不断上行，4月28日，3个月欧元LIBOR为0.32%，创下两年来的新高；6月，欧洲央行将存款便利利率由零下调至-0.1%，并适用于超额准备金利率，同时将主要再融资利率和边际贷款便利利率分别下调10个基点和35个基点至0.15%和0.40%，6月末，3个月欧元LIBOR迅速降至0.18%，加上定向长期再融资操作（TLTRO）的实施，9月以后，3个月欧元LIBOR维持在0.06%的低位水平。

（2）欧美日国债收益率普遍下行，新兴市场国债收益率出现分化

2014年，欧美日国债收益率普遍下行。12月31日，美国、德国、法国、英国和日本

的5年期国债收益率分别收于1.65%、0.01%、0.18%、1.20%和0.02%，较年初分别下降了10个、91个、104个、80个和21个基点。欧元区重债国的5年期国债收益率持续下行。1月，西班牙银行业结束了欧洲稳定机制的援助计划；5月，葡萄牙结束了欧盟、欧洲央行和IMF提供的国际援助；希腊仍在接受援助，但4月发行了自2010年以来的首只主权债券，重回国际资本市场。截至12月末，爱尔兰、西班牙、意大利5年期国债收益率已降至1%以下。

新兴市场国家国债收益率出现分化。随着美国QE退出策略和步骤的清晰，全球投资者恐慌情绪有所缓解，使部分新兴市场国债收益率与2013年相比出现大幅回落，比如，2013年因美国QE退出而涨幅最为显著的土耳其5年期国债收益率全年下跌214个基点。部分国家国债收益率保持稳定，如印度尼西亚5年期国债收益率依然保持在2013年8%的较高水平。而部分国家国债收益率大幅上扬，如俄罗斯5年期国债收益率较年初上涨了824个基点等。

（3）美元对多数货币汇率走强，俄罗斯卢布暴跌

2014年，与7月初相比，12月末美元指数升值11%，欧元、英镑、日元对美元汇率分别贬值10.4%、8.6%、12.27%。新兴市场方面，大多数货币在上半年对美元汇率升值，但随着美元的走强，下半年，许多新兴市场国家货币对美元汇率贬值，年末基本恢复到年初水平。俄罗斯卢布对美元汇率暴跌。12月31日，俄罗斯卢布对美元汇率中间价为55.40卢布/美元，较年初贬值约40%。

（4）发达经济体股市分化，新兴市场股市普遍上行

美国道琼斯指数震荡上行，全年上涨9%。欧元区经济体股票市场震荡分化，9月至10月中旬，欧洲股市暴跌，随后反弹，英国FT100指数、德国DAX30指数和法国CAC40指数全年涨幅分别为-6%、6%和3.5%。日本股票市场震荡上涨。日本股市于9月至10月中旬大幅下挫，但随着日本央行量化宽松规模的扩大以及下次消费税上调的推迟，股市反弹上扬，全年涨幅为12.6%，在发达经济体中最高。新兴市场股市普遍上行，印度CN5X指数、印尼JKSE指数、泰国SET指数、巴西BOVESPA指数和南非股市指数全年分别上涨40.17%、20.82%、29.81%、3.8%和4.9%。

（5）原油价格大幅下跌、农产品和金属价格普遍走弱

2014年，自7月开始，国际石油价格大幅下跌，截至12月31日，英国布伦特原油价格已从7月初的100美元跌破60美元。橡胶、小麦、大豆、棉花价格走弱，截至12月31日，全年跌幅分别为30.41%、7%、22.52%、27.68%。而可可价格则维持去年的上涨趋势，不断上行，全年涨幅为6.7%。金属价格走势分化，伦敦金属交易所（LME）的铝、镍、锌价格上涨，截至12月31日，全年涨幅分别为4%、9%和5.6%。铜、铅、锡价格下行，全年跌幅分别为13.7%、15.86%和13%。经历第一季度的上涨之后，贵金属价格不断下行，全年跌幅分别为0.05%和19.19%。

（二）国内经济金融环境

2014年，面对错综复杂的国内外形势，

我国坚持稳中求进、改革创新的工作总基调，国民经济在新常态下稳中有进、稳中有质。在金融发展领域，中国人民银行等相关管理部门坚持稳中求进，改革创新，继续实施稳健的货币政策，金融环境平稳适度，金融改革与开放全面深化，有力地促进了经济金融持续稳步发展，为金融市场发展提供了稳定的宏观环境。

1. 国民经济在合理区间平稳运行

2014年，中国经济继续运行在合理区间，消费平稳增长，进出口有所改善，就业形势稳定，投资增速和物价涨幅有所放缓，经济结构调整步伐加快。

（1）经济发展稳中有进，稳中向好

经济总量保持中高速增长。2014年，我国国内生产总值为63.6万亿元，同比增长7.4%。分季度看，第一季度同比增长7.4%，第二季度同比增长7.5%，第三季度同比增长7.3%，第四季度同比增长7.3%。

价格涨幅有所放缓。2014年，居民消费价格同比上涨2.0%，涨幅比上年全年回落0.6个百分点。其中，食品价格同比上涨3.1%，涨幅比上年全年回落1.6个百分点，是居民消费价格涨幅回落的主要因素。工业生产者价格降幅小幅扩大，工业生产者出厂价格同比下降1.9%，工业生产者购进价格同比下降2.2%，降幅分别比上年全年小幅扩大0.2个和0.3个百分点。

就业形势基本稳定。2014年，城镇新增就业人数为1 070万人。2014年末，城镇登记失业率为4.09%。居民收入稳定增长。2014年，全国农村居民人均可支配收入10 489元，同比名义增长11.2%，扣除价格因素实际增长9.2%；城镇居民人均可支配收入28 844元，同比名义增长9.0%，扣除价格因素实际增长6.8%。

总需求继续保持平稳增长。一是消费平稳增长。2014年，社会消费品零售总额为26.2万亿元，同比增长12.0%，扣除价格因素实际增长10.9%。新兴业态消费增长较快，限额以上单位网上零售额4 400亿元，同比增长56.2%。二是进出口形势好转。2014年，进出口总额为4.3万亿美元，同比增长3.4%，增速逐季回升。其中，出口总额为2.3万亿美元，同比增长6.1%；进口总额为2.0万亿美元，同比增长0.4%；进出口相抵，顺差为3 825亿美元。受国际大宗商品价格大幅下跌的影响，能源资源性产品进口呈现价跌量增态势。贸易结构持续改善，一般贸易平稳增长，加工贸易微幅增长。三是固定资产投资增速放缓。2014年，固定资产投资（不含农户）50.2万亿元，同比增长15.7%，增速比上年全年回落3.9个百分点。分产业看，第一产业投资同比增长33.9%，第二产业投资同比增长13.2%，第三产业投资增长16.8%。施工项目计划总投资96.9万亿元，同比增长11.1%；新开工项目计划总投资40.6万亿元，同比增长13.6%。2014年，房地产开发投资9.5万亿元，同比增长10.5%，增速比上年全年回落9.3个百分点；房屋新开工面积同比下降10.7%，其中住宅新开工面积同比下降14.4%。

（2）经济结构进一步优化

2014年，我国经济结构调整和转型升级取得积极进展。一是产业结构更趋优化。2014年，第三产业增加值占国内生产总值的比重为48.2%，比上年提高2.1个百分点。随着经济增长方式的转变，在基础设施投资、房地产等传统增长动力有所放缓的同时，移动互联、电子信息、网络销售等新兴业态加快发展，信息技术、科技服务、租赁和商务服务业固定资产投资增速保持在40%左右的较高水平。二是需求结构继续改善。2014年，最终消费支出对国内生产总值增长的贡献率为51.2%，比上年提高3.0个百分点；固定资产投资和社会消费品零售总额增速差距为3.7个百分点，比上年全年收窄2.5个百分点。三是城乡居民收入差距进一步缩小。2014年，农村居民人均可支配收入实际增长快于城镇居民人均可支配收入2.4个百分点，城乡居民人均收入倍差2.75，比上年同期缩小0.06。四是地区发展更趋平衡。2014年，东、中、西部地区投资同比分别增长14.6%、17.2%和17.5%；东、中、西部地区规模以上工业增加值同比分别增长7.6%、8.4%和10.6%。区域发展协调性逐步增强，中西部地区与东部地区差距进一步缩小。五是节能降耗继续取得新进展。2014年，单位国内生产总值能耗同比下降4.8%。

2. 货币金融环境基本稳定

（1）货币运行环境总体稳健

2014年，中国人民银行继续实施稳健的货币政策，不断创新宏观调控思路和方式，丰富政策工具，优化政策组合，瞄准经济运行中的突出问题，用调结构的方式适时适度预调微调，创造稳定的货币金融环境，推动结构调整和转型升级。灵活开展公开市场操作，搭配使用短期流动性调节工具（SLO）适时适度进行双向调节，创设和开展中期借贷便利（MLF）操作，在保持流动性总量适度充裕的同时着力引导市场利率，降低社会融资成本。适当调整宏观审慎政策参数，加大信贷政策支持再贷款和再贴现支持力度，发挥信贷政策的结构引导作用，鼓励金融机构更多地将信贷资源配置到“三农”、小微企业等重点领域和薄弱环节。有序推进利率市场化和人民币汇率形成机制改革，深化外汇管理体制改革。

一是货币总量增速趋缓。2014年末，广义货币供应量M2余额为122.8万亿元，同比增长12.2%，增速比上年末低1.4个百分点。狭义货币供应量M1余额为34.8万亿元，同比增长3.2%，增速比上年末低6.1个百分点。流通中货币M0余额为6.0万亿元，同比增长2.9%。

二是金融机构存款增长有所放缓。2014年末，全部金融机构（含外资金融机构，下同）本外币各项存款余额为117.4万亿元，同比增长9.6%。其中，人民币各项存款余额为113.9万亿元，同比增长9.1%，增速比上年末低4.7个百分点。

三是金融机构贷款增长平稳。2014年末，全部金融机构本外币贷款余额为86.8万亿元，同比增长13.3%。其中，人民币贷款余额为81.7万亿元，同比增长13.6%，增速比上年末低0.5个百分点。从人民币贷款期限分布看，中长期贷款增长较快，短期贷款增长放缓。2014年末，中长期贷款余额比年初增加6.1万亿元，同比多增1.5万亿元；短期贷款余额比年初增加2.5万亿元，同比少增1.7万亿元。票据融资增加较多，2014年末，票据融资余额比年初增加9 574亿元，同比多增10 471亿元。

四是社会融资规模保持适度。2014年，社会融资规模为16.5万亿元，比上年少8 598亿元。从结构看，人民币贷款增加较多，占比明显上升。2014年，人民币贷款占同期社会融资规模的59.4%，比上年高8.1个百分点。信托贷款和未贴现银行承兑汇票显著缩量，表外融资同比大幅少增。2014年，委托贷款、信托贷款和未贴现的银行承兑汇票占同期社会融资规模的17.5%，比上年同期低12.3个百分点。债券和股票融资双双大幅增加，拉动直接融资金额和占比均创历史同期最高水平。2014年，非金融企业境内债券和股票融资占同期社会融资规模的17.3%，比上年高5.5个百分点。

五是企业融资成本下降。2014年末，固定利率企业债券加权平均发行利率为5.52%，较上年末下降148个基点；5年期AAA级、AA+级企业债收益率较上年末分别下降148个和141个基点。12月，非金融企业及其他部门贷款加权平均利率为6.77%，比年初下降0.42个百分点。

（2）金融改革稳妥推进

利率市场化改革加快推进。11月21日，中国人民银行宣布自2014年11月22日起，下调金融机构人民币贷款基准利率和存款基准利率。金融机构1年期贷款基准利率下调0.4个百分点至5.6%；1年期存款基准利率下调0.25个百分点至2.75%，同时，将金融机构存款利率浮动区间的上限由存款基准利率的1.1倍调整为1.2倍；其他各档次贷款和存款基准利率进行相应调整，并对基准利率期限档次作适当简并。此次将存款利率浮动区间上限进一步扩大，不仅有利于更大程度地发挥市场机制在利率形成中的决定性作用，也为未来全面放开存款利率管制奠定了坚实的基础。基准利率期限档次的简并也有利于金融机构适应利率市场化的方向，培育和增强定价能力建设，这将进一步发挥市场在资源配置中的决定性作用。

人民币汇率形成机制进一步完善。2014年，中国人民银行继续按主动性、可控性和渐进性原则，进一步完善人民币汇率形成机制，重在坚持以市场供给为基础，参考一篮子货币进行调节，增强人民币汇率弹性，保持人民币汇率在合理均衡水平上的基本稳定。为促进双边贸易和投资，中国与英国自2014年6月19日起分别在中国银行间外汇市场和伦敦外汇市场同时推出人民币对英镑直接交易;自2014年9月30日起中国银行间外汇市场推出人民币对欧元直接交易。总体上，银行间外汇市场人民币直接交易成交活跃，流动性明显提升，买卖价差收窄，降低了微观经济主体的汇兑成本，促进了本币在双边贸易和投资中的使用。

存款保险制度建设取得重大进展。为了建立和规范存款保险制度，依法保护存款人的合法权益，及时防范和化解金融风险，维护金融稳定，中国人民银行起草了《存款保险条例(征求意见稿)》，国务院法制办公室于2014年11月30日将征求意见稿及说明全文公布，向社会征求意见。《存款保险条例(征求意见稿)》规定，在中华人民共和国境内设立的商业银行、农村合作银行、农村信用合作社等吸收存款的银行业金融机构，应当投保存款保险。存款保险实行限额偿付，最高偿付限额为人民币50万元。存款保险制度的建立，有利于更好地保护存款人的利益，维护金融市场和公众对我国银行体系的信心，推动形成市场化的风险防范和化解机制，建立维护金融稳定的长效机制，促进我国金融体系健康发展。

外汇管理体制改革积极推进。一是着力提升贸易便利化水平。继续深化贸易外汇管理改革,深入推进货物贸易和服务贸易外汇管理制度改革，优化边境贸易管理办法，规范和便利边境贸易代理出口收汇和外币现钞结算;扩大支付机构跨境电子商务外汇支付业务试点，便利境内机构和个人网络购物的跨境收付汇和结售汇需要;在浙江、福建两地开展试点，简化个人贸易收结汇审核单证要求，便利个人开展外贸经营。二是扎实推进资本项目可兑换。深入开展跨国公司外汇资金集中运营管理试点，允许境内外外汇资金集中管理、轧差净额清算、资本金意愿结汇、外债额度共享，切实降低企业的财务成本;进一步提升投资便利化程度，放宽境外直接投资前期费用审批、境外放款管理，简化利润汇出审核;稳步推进合格机构投资者制度;完善外债管理,进一步简化跨境担保管理，取消内保外贷的数量控制、事前审批以及资格限制；简化外债转贷款外汇管理手续，将还本付息等业务流程下放到银行办理;加快推进上海自由贸易试验区外汇管理政策落地，明确多项外汇管理创新措施作为资本项目可兑换先行先试的探索。

多层次资本市场制度建设取得重要进展。5月9日，国务院印发《关于进一步促进资本市场健康发展的若干意见》（国发〔2014〕17号），从发展多层次股票市场、规范发展债券市场、培育私募市场、推进期货市场建设、提高证券期货服务业竞争力、扩大资本市场开放、防范和化解金融风险及营造资本市场良好发展环境等方面指明了资本市场下一步发展的方向。资本市场相关基础性制度建设不断完善。一是人民银行等相关管理部门发布相关管理规定，进一步丰富了债券市场的发行和交易层次。3月5日，中国人民银行发布〔2014〕第3号公告，从事柜台记账式国债业务的商业银行，其柜台债券业务品种可以在记账式国债基础上增加国家开发银行债券、政策性银行债券和中国铁路总公司等政府支持机构债券。1月26日，中国人民银行金融市场司发布《关于商业银行理财产品进入银行间债券市场有关事项的通知》（银市场〔2014〕1号）。明确银行开立理财产品债券账户，以及为理财产品提供托管的具体条件；11月3日，银行间市场交易商协会发布《中国人民银行金融市场司关于非金融机构合格投资人进入银行间债券市场有关事项的通知》，允许非金融机构合格投资人通过非金融机构合格投资人交易平台进行债券投资交易。二是沪港股票市场交易互联互通机制（沪港通）持续推进。6月13日，证监会发布《沪港股票市场交易互联互通机制试点若干规定》（中国证券监督管理委员会令第101号），对境内证券公司开展沪港通业务提出原则性要求，明确了沪港通的业务范围、外资持股比例、清算交收方式、交收货币等相关事项，对投资者保护、监督管理、资料保存等内容提出了相关要求。9月26 日，上海证券交易所发布《上海证券交易所沪港通试点办法》，明晰了沪港通交易业务的基本模式和相关要求。三是新三板做市商制度正式出台。6月5日，《全国中小企业股份转让系统做市商做市业务管理规定（试行）》发布，明确证券公司申请开展做市业务应当具备的五项条件。四是私募投资基金监管办法出台。8月21日，证监会发布《私募投资基金监督管理暂行办法》（中国证券监督管理委员会令第105号），明确了私募投资基金的全口径登记备案制度和合格投资者制度，对私募基金的募资和投资运作行为进行了规范。五是推进期货行业创新发展意见发布。9月16日，证监会发布《关于进一步推进期货经营机构创新发展的意见》，从努力增强期货经营机构竞争力、适时放宽行业准入、逐步推进期货经营机构对外开放、加强投资者保护等八个方面明晰了下一步期货业发展的目标及相应的政策配套措施。

保险市场基础性制度建设进一步加快。一是加强保险业顶层设计。8月10日，国务院发布《关于加快发展现代保险服务业的若干意见》（国发〔2014〕29号），提出以完善保险经济补偿机制、强化风险管理核心功能和提高保险资金配置效率为方向，建设有市场竞争力、富有创造力和充满活力的现代保险服务业。二是推进保险机构市场准入、退出机制改革。保监会从收购主体、程序、公司治理、信息披露、违规责任等方面规范保险公司收购合并行为，设定收购过渡期和股权锁定期，保护消费者、保险公司及股东的合法权益。同时，适度放宽资金来源和股东资质，不再禁止同业收购，鼓励境内外各类优质资本特别是民间资本投资保险业，促进保险市场资源的优化配置。三是推动保险业服务新型城镇化发展。3月25日，保监会印发《保险业服务新型城镇化发展的指导意见》（保监发〔2014〕25号），提出充分发挥保险的资金融通和社会保障功能，加快产品服务、市场主体和保险监管创新，从统筹发展商业养老保险和医疗健康保险、创新保险资金运用形式、健全农业保险服务体系等六个方面推动保险业服务新型城镇化发展。四是加强保险资金运用监管。进一步加强保险机构投资集合资金信托计划业务行为监管，规定保险资金不得投资单一信托，不得投资基础资产属于国家明令禁止行业或产业的信托计划。监管部门将每年对保险机构的资金运用内控与合规情况进行评价计分，将其分为四个等级，位于最后两个等级的保险机构被列为重点监管对象，保监会将采取限制资金运用渠道、范围或比例等监管措施。

（3）金融业发展平稳向好

金融业运行整体平稳。银行业金融机构资产规模继续增长，盈利水平和资本充足率稳步提升。截至2014年末，我国银行业金融机构的本外币资产总额达168.16万亿元，同比增长13.6%；本外币负债总额为155.92万亿元，同比增长13.0%。2014年，商业银行累计实现净利润1.55万亿元，较上年同期增长9.65%；不良贷款余额为8 426亿元，不良贷款率为1.25%；资本充足率达13.18%，其中核心一级资本充足率达10.56%。证券期货经营机构整体规模扩张迅速，盈利水平明显提高。截至2014年末，120家证券公司总资产为4.09万亿元，净资产为9 205.19亿元，净资本为6 791.60亿元，全年实现营业收入2 602.84亿元，实现净利润965.54亿元，119家公司实现盈利。保险业保费收入稳步增长，净资产规模大幅扩大。截至2014年末，保险业累计实现原保费收入2.02万亿元，同比增长17.49%；累计原保险赔付支出7 216.21亿元，同比增长16.15%；保险业总资产达10.16万亿元，较年初增长22.57%；净资产达13 255.26亿元，较年初增长56.41%。

金融机构改革深入推进。7月，国家开发银行住宅金融事业部获批开业。同时，进一步发挥开发性金融对棚户区改造的作用，为棚改提供依法合规、操作便捷、成本适当、来源稳定的融资渠道。中国农业发展银行改革方案经国务院63次常务会议原则同意，明确了改革的总体目标和主要政策措施。加快推进国家开发银行和中国进出口银行改革，进一步强化两家银行服务国家战略的功能和作用。资产管理公司转型改制工作进一步推进。8月28日，华融资产管理公司与八家战略投资者正式签署战略合作协议，共计增资145.4亿元，占增资后股份总额的21.0%。农村信用社改革成效显著，经营财务状况持续改善，涉农信贷投放大幅增长。2014年末，全国农村信用社不良贷款比例为3.8%，同比下降0.3个百分点；资本充足率为13.2%，同比提高2.8个百分点；拨备覆盖率为135.2%，同比提高8.7个百分点；全年实现利润2 339亿元。涉农贷款和农户贷款余额分别为7.1万亿元和3.4万亿元，分别同比增长13.4%和12.0%。全国农村信用社产权制度改革稳步推进，明晰产权关系、完善法人治理结构、加强内控管理制度建设等取得一定成效，"三会一层"的法人治理组织架构和制度规则普遍建立并初步运行，经营管理水平有所提高。截至2014年末，全国共组建以县（市）为单位的统一法人农村信用社1 484家，农村商业银行665家，农村合作银行89家。

二、2014年中国金融市场运行的主要特点

2014年，国际经济与金融发展及政策环境大幅波动分化，中国经济克服"三期叠加"的困难，实现了合理区间平稳运行，结构调整呈现积极变化。金融市场反映了国际国内经济金融形势，有力地支持了实体经济的发展，也在发展、完善、创新、规范、开放等方面呈现出了稳中有进的特点。

（一）金融市场规模显著扩大

2014年，我国金融市场的总体交易规模继续稳步增长。2014年，包含同业拆借、质押式回购和买断式回购在内的货币市场成交量为261.83万亿元，同比增长35.19%。托管量继续保持平稳增长，债券市场托管总量达到34.98万亿元，较上年同比增长18.09%，其中，银行间债券市场债券总托管量达到31.79万亿元，较上年同期增长16.80%，占全部可交易债券托管总量的90.09%。股票市场成交金额为74.39万亿元，较2013年增长了58.71%。期货市场累计单边成交25.06亿手，成交金额为291.99万亿元，同比分别增加21.48%和9.17%。其中，商品期货成交量为22.83亿手，成交金额为127.97万亿元，同比分别上升22.54%和1.16%。股指期货和国债期货成交量为2.18亿手，成交金额为164.02万亿元，较上年分别增加12.37%和16.32%。上海黄金交易所黄金各品种累计成交1.85万吨，成交金额为4.59万亿元，同比分别增加59.17%和42.81%。

（二）金融市场结构调整动能增强

随着金融市场的发展，市场参与者日益丰富多样，且新兴市场主体、市场产品和交易方式显示出了强发展动能，促进市场更趋于均衡。

1. 货币市场中非银行类金融机构地位进一步提升

2014年共有56家非银行类金融机构获准进入全国银行间同业拆借市场，截至2014年末，非银行类金融机构成员数共计322家，占市场成员总数的26%。从同业拆借市场交易的情况来看，2014年非银行类金融机构总交易规模为13.12万亿元，同比增长53.27%，远高于整个同业拆借市场同期6.04%的增幅；市场成交占比达17.42%，同比上升5.37个百分点。

2. 商业银行柜台债券市场发展有利于改善债券产品的投资者结构

2014年5月和12月，国家开发银行分别通过中国工商银行和中国银行柜台成功发行金融债券。6月，中国进出口银行也通过中国工商银行柜台面向个人和非金融机构发行了金融债券。增加商业银行柜台债券业务品种，为社会公众投资金融债券开辟了新的渠道，也有助于提高市场流动性和社会资金使用效率。

3. 市场主要要素的结构变化动能增强

新型金融产品表现出强发展动能。2014年，同业存单全年累计发行量为8 975.62亿元，是上年度340亿元的26.4倍。市场投资主体结构的调整动能增强。有基金公司通过与互联网新兴方式的结合，2013年和2014年分别实现了18.6倍和2倍的规模增幅，远高于同期公募基金4.78%和51.96%的增幅；境外投资主体在债券市场的参与程度增强，截至2014年末，境外机构投资者在银行间债券市场持债余额占债券市场托管总量的比重达到1.77%,较2013年的1.19%增加了0.58个百分点。债券借贷等新兴交易方式成交量大幅上升。2014年，债券借贷成交金额为4 019.9亿元，同比增长507%，在2013年高达226%增幅的基础上再次快速增长，交易方式变化的动能明显增强；买断式回购累计成交11.75万亿元，较上年同期增长89.93%，是同期质押式回购成交增速的2.26倍。

4. 股票市场体系建设层次更加丰富

一是各板块之间上市标准层次进一步拉大。创业板上市门槛进一步扩宽，甚至不要求盈利。二是全国中小企业股份转让系统挂牌步入常态化，挂牌公司数量从年初的347家扩容到了目前的1 579家。三是我国区域性股权市场呈现多点开花、快速发展的态势。截至2014年末，我国正式开业的区域性股权市场约为20家，累计挂牌企业数量超过15 000家，较去年增加9 000余家，相当于我国场内市场上市公司数量总和的5倍。四是中国证券业协会发布相关规定，对证券公司柜台市场业务做了进一步规范，有助于再造证券公司基础功能，进一步健全股票市场层次。

5. 银行间外汇市场成员进一步均衡化

2014年，外汇市场上中资银行类金融机构增加40家，非银行类金融机构增加10家，外资银行增加7家，境外银行增加3家。非银行类金融机构、外资银行的市场份额较上年分别增长0.2个和1.5个百分点，中资银行类金融机构的市场份额下降1.6个百分点。多类型会员机构的市场实力均衡性有所改善。

（三）金融市场创新不断推出

2014年，金融市场创新步伐加快，金融产品和工具呈现多样化发展。各子市场推出不同期限、风险与收益特征的金融产品，通过多种形式、多个渠道满足了参与主体的不同需求。与此同时，市场运行机制和交易机制不断健全与完善，市场运行效率逐步提高。

1. 市场产品创新

金融衍生品方面，中国外汇交易中心上线标准利率衍生产品，涵盖多种期限和多个利率标的，其与原有利率互换（IRS）的主要区别在于计息期限固定、交割日确定，为市场参与者提供了较好的风险对冲工具。债券市场方面，一是中广核风电公司发行了首只绑定碳收益率的浮息中票，其浮动利率参照发行人期内的碳收益率具体情况在5个基点到20个基点之间浮动。二是首只融资租赁企业发行的私募债在天津股权交易所非公开发行并挂牌交易。股票市场方面，符合规定的相关上市公司可以发行优先股，为上市公司增加了资本金，也为投资者提供了更多风险层次的股权投资选择。

外汇市场方面，银行间外汇市场新增人民币对新西兰元、英镑、欧元、新加坡元直接交易，与人民币直接交易的货币增加到8种，有效促进了中国对相关国家和地区双边贸易投资，便利人民币跨境使用。

黄金市场方面，上海黄金交易所上市Mini黄金延期交收合约，将Au99.99黄金实盘合约的交易单位由100克/手调整为10克/手。

期货市场产品创新方面，一是继续增加新的期货交易产品。2014年，新增了热轧卷板、铁合金、晚籼稻、聚丙烯、玉米淀粉5个商品期货交易品种，进一步完善了黑色金属、农产品和化工品的期货产品序列。二是上海期货交易所获批在其国际能源交易中心开展原油期货交易，促进中国商品期货市场的产品创新迈入了国际化的新阶段。三是积极准备股票ETF期权产品上线工作。四是开展多种期货产品仿真交易。中国金融期货交易所对欧元兑美元、澳元兑美元、上证50股票指数、中证500股票指数、10年期国债等品种的期货进行全市场仿真交易。五是上海期货交易所、郑州商品交易所和大连商品交易所在开展仿真交易、完善交易系统、加强制度建设与投资者教育培训方面推进商品期权试点准备工作。

2. 市场机制创新

市场发行机制方面，一是对常用的招标与簿记建档发行方式进行完善，减少了招标发行公司信用类债券的相关限制条件，扩大公司信用类债券的发行人和投标人的范围。相关管理部门进一步规范企业债券簿记建档和招标发行行为，保护参与各方的合法权益。二是创新地方政府债券发行管理方式，在上海、浙江、广东、深圳、江苏、山东、北京、江西、宁夏、青岛等地试点地方政府债券自发自还，有利于进一步强化市场约束，推动地方债券市场健康发展。三是首发企业可以根据自身意愿,在沪、深证券市场之间自主选择上市地,不再与企业公开发行股数多少挂钩。

市场运行机制方面，一是外汇交易中心推出了基于双边授信的撮合交易平台X-Swap，该平台为我国首个拥有双边授信撮合功能的交易平台，也能为客户提供更多的行情信息。二是外汇市场加快运行机制创新步伐。人民币对美元的汇率浮动幅度由1%扩大至2%；银行可基于市场需求和定价能力对客户自主挂牌人民币对各种货币汇价，根据市场供求自主定价；降低即期结售汇业务和外汇衍生产品业务的市场准入条件，取消部分行政许可和资格要求，实现以事前审批为重向以事后监管为重的转变。三是各商品期货交易所全面推进交易夜盘建设。上海期货交易所将夜盘交易时间提前一个小时，以覆盖更多的国际重要信息披露时点；大连商品交易所推出棕榈油和焦炭夜盘交易。

市场清算与交割机制方面，一是银行间市场清算所股份有限公司推出人民币铁矿石、动力煤掉期中央对手清算业务。二是大连商品交易所获准期货保税交割试点，已接受并办理期货保税标准仓单相关业务申请。

（四）金融市场制度规范日益健全

国务院发布相关制度，促进资本市场的发展。2014年5月，国务院发布《关于进一步促进资本市场健康发展的若干意见》。该《意见》从九个方面明确资本市场健康发展的总体要求和具体任务。新国九条对当前和今后较长一段时期促进资本市场健康发展进行顶层设计，作出统筹部署。围绕党中央、国务院的相关要求，相关监管部门均加强了金融市场的规范工作，以促进市场的健康发展。

货币市场方面，2013年9月成立的货币市场利率定价自律机制发布公告，根据合格审慎评估结果，吸收光大银行等93家各项指标均达标的金融机构为自律机制基础成员，有助于进一步发挥Shibor对市场利率的引导作用，为有序推进利率市场化改革创造有利条件。

债券市场方面，一是确认了银行理财乙类户身份。人民银行发布通知，明确在银行间债券市场开立债券账户的银行理财产品，应以单只理财产品的名义开户。二是国务院出台了《金融负债与权益工具的区分及相关会计处理规定》，规范了永续债和优先股等金融工具的会计处理，为企业提供了成本较低的长期融资工具。

股票市场方面，一是完成新一轮新股发行改革。首次公开发行在时隔一年多后重启。二是对市场违规行为加大查处力度。2014年，证监会对新股项目发行承销过程中的相关违规个人和机构进行“责令处分有关人员”等监管处理；对多家上市公司信息披露违法违规行为进行立案调查、查处了多起涉嫌利用未公开信息交易股票案件。三是实现上市公司退市的市场化、法治化、常态化。

期货市场方面，2014年，证监会发布《期货公司监督管理办法》，扩大期货公司可参与的交易场所范围，允许其依法进入证券交易所等合法交易场所开展衍生产品及相关业务。中国期货业协会公布《期货公司设立子公司开展以风险管理服务为主的业务试点工作指引》，规定期货公司设立子公司开展以风险管理服务为主的业务试点工作要按照“市场化”和“试点先行、循序渐进、稳步推进”的原则，由中国期货业协会以自律监管的方式推进和规范。

金融衍生产品市场方面，2014年，人民银行发布《关于建立场外金融衍生产品集中清算机制及开展人民币利率互换集中清算业务有关事宜的通知》，人民币利率互换交易迈出了我国场外金融衍生产品强制集中清算的第一步，集中清算的净额清算、多边轧差，将有效降低清算成本，提高市场效率，防范系统性风险，加速利率市场化改革。

（五）对外开放稳步推进

同业拆借市场对外开放步伐加快。一是中国工商银行新加坡分行和中国银行台北分行获得市场成员资格，至此，银行间同业拆借市场中的境外人民币清算银行已增加至4家。二是境外人民币清算行境内同业拆借交易规模稳步增长，从2009年的177.4亿元增长至2014年的4 788.60亿元，增长了27倍。银行间同业拆借市场一方面为境外人民币清算行提供了人民币流动性管理的渠道以及与境内银行间市场成员沟通交流的平台；另一方面支持了人民币跨境使用，促进了金融市场对外开放。

债券市场对外开放稳步推进。一是境外机构发债主体范围拓宽至非金融企业。3月，戴姆勒股份公司在银行间债券市场发行5亿元人民币债务融资工具，债务资本市场建立起境外非金融企业境内融资的渠道。二是境外人民币债券发行规模大幅增加。截至2014年末，境外人民币债券发行规模约为2 199.42亿元人民币，是2013年全年发行额1 090.55亿元的2.18倍，境内金融机构的海外分支机构是最主要的发债主体。三是境外投资者在中国债券市场更趋活跃。截至2014年末，银行间债券市场的境外机构投资者数目已经达到211家，比2013年末增加73家；在银行间债券市场持债余额达到5 720亿元，比2013年末增加73.24%。四是市场中介机构加强对外交流与合作。2014年，上海清算所与芝加哥商品交易所（CME）和欧清银行集团等境外机构签署合作性文件，以进一步加强沟通、探讨合作。

在股票市场对外开放方面，一是促进内地和香港股票市场交易互联互通的发展。二是进一步推进跨国监管合作。证监会与马恩岛金融监督管理委员会签署《证券期货监管合作谅解备忘录》，进一步加强双方在证券期货领域的监管交流合作。三是境外投资者可投资更多国内证券交易品种。

在期货市场对外开放方面，一是“走出去”步伐有所加快。广发证券旗下子公司GF Financial Markets (U.K.) Ltd.（广发金融市场（伦敦）有限公司）获得在伦敦金属交易所（LME）从事场内交易的资格，这是LME首次批准中国公司在LME从事场内交易。二是对外合作交流范围扩大。2014年中国金融期货交易所与芝加哥商品交易所签署《期货行情信息互换合作协议》。根据该协议，双方将共享行情信息，中国金融期货交易所授权芝加哥商品交易所作为其市场数据在中国内地以外发布及授权的海外代理机构。

我国黄金国际板正式启动。2014年9月18日晚，上海黄金交易所于夜市时段正式推出国际业务板。推出第一日即吸引国内外近30家会员参与，并完成243.44千克、6 130.33万元的交易。黄金国际板的推出，有助于提升中国黄金市场的国际影响力，提高我国的黄金定价能力，更好地为中国黄金产业及企业服务。

上海自由贸易试验区积极促进企业吸引外资及对外投资。2014年6月公布的新版上海自贸区负面清单中，将外商投资准入特别管理措施由190条减少到139条，清单以外领域的外商投资项目核准制和企业合同章程审批制全部改为备案制，外商投资限制逐步放开。2014年9月2日，上海自由贸易试验区境外投资服务平台正式上线。境外投资服务平台涵盖了综合咨询、境外投资备案、投资项目推荐、投资地介绍、行业分析、境外投资专业服务等功能，为上海自贸区内企业的“走出去”提供指导和帮助。

（六）支持实体经济发展能力进一步提高

2014年，金融市场的进一步发挥其支持实体经济发展的核心功能，不仅进一步增加了企业的融资选择，降低了企业的融资成本，支持了小微企业的发展，也为国企改革提供了较好的条件和保障。

1. 拓宽企业融资渠道，降低企业融资成本

2014年，债券和股票融资大幅增加，拉动直接融资金额和占比均创历史最高水平。非金融企业境内债券和股票合计融资2.87 万亿元，比上年多8 273 亿元；占同期社会融资规模的17.3%，较上年11.8%的占比高5.5 个百分点，创历史最高水平。其中，公司信用类债券累进净融资2.4万亿元，占同期社会融资规模的14.7%，占比较去年上升3.2个百分点，债券融资成为除贷款之外实体企业获得资金的第二大渠道。同时，2014年以来，各类债券的发行利率持续较大幅度下行。具有代表性的银行间市场3年期、7年期AA级企业债到期收益率较上年末分别下降150个和127个基点，明显大于同期非金融企业一般贷款利率42个基点的降幅。由于债务资本市场已成为除贷款之外实体企业获得资金的第二大渠道，债券市场降低企业融资成本的效果较为明显。

2. 有效缓解中小企业和小微企业的融资困境

债券融资在大型企业总融资中所占比重逐步上升，特别是中央企业占比已接近30%。大型企业利用债券市场融资后，相应地减少了对信贷资源的占用，腾挪出的信贷资源提高了中小企业的融资可得性。2014年，小微企业贷款增速高于各项贷款平均水平，全年贷款增量高于上年。2014 年末，小微企业贷款余额为15.26 万亿元，同比增长15.5%，增速比2013年末高1.3 个百分点，比同期各项贷款增速高1.9 个百分点。2014年，小微企业贷款新增2.13 万亿元，同比多增1 285 亿元，占企业新增贷款的41.9%，比同期大型企业新增贷款占比高18.1 个百分点。

3. 大力助推国企改革

2014 年，国企改革展开，在中央企业中开展涉及国资监管、混合所有制、完善法人治理结构、纪检监察等内容的四项改革试点；上海等19 个省市也发布了国资国企改革路线图，内容主要集中在三个方面，首先是完善以管资本为主的国有资产监管体制；其次是建设国有资本投资和运营两类公司；再就是发展混合所有制，包括职业经理人，员工持股、激励机制等改革。股票等资本市场的发展，为实现这些改革内容夯实了坚定的基础。

三、2015年中国金融市场发展展望

2015年，我国经济迈入新常态，将向形态更高级、分工更复杂、结构更合理的阶段深化。金融市场的发展将适应和反映新常态，可能表现出规范、创新和国际化等方面的趋势，为新常态下的经济发展提供相应的支持。

（一）金融市场规范化管理将进一步加强

一是党的十八届四中全会提出全面推进依法治国，在这一精神的要求下，我国金融市场的制度建设与规范步伐将继续加强。在市场建设中，可能将主要体现在以下几个方面：更关注督促市场参与主体依法合规经营，履行信息披露义务，对信息披露的程序和内容的真实性、市场参与主体行为的合法合规性进行规范；充分发挥市场约束与风险分担机制的作用，坚持以信息披露和尽职调查为主要方式控制风险；继续注重发挥行业自律的作用，建立关联交易规则和市场违规处罚制度。二是根据党中央国务院的部署，市场要在资源配置中起决定性作用。在此过程中，相关监管机构将减少对市场微观行为的直接干预，更倾向于加强对市场事中和事后规范化管理。三是在积极创新的同时，为确保不发生系统性风险，要求相关管理部门在减少行政干预的同时，依法加强金融市场规范化管理。

（二）金融市场的改革创新将进一步深化

2015年，我国经济发展进入以增速换档、结构优化和创新驱动“三位一体”的新常态阶段。在这一阶段，发展方式更侧重于质量效率型集约增长，经济结构进入调整存量、做优增量的深度调整时期，发展动力将转向新的增长点。这些都将极大地改善金融市场改革创新的基础和环境，也会对金融市场服务实体经济方面提出新的要求，从而促进金融市场在市场管理制度、市场投融资主体等方面发生深刻的变化。在金融市场管理方面，市场与政府的关系将更进一步明晰化，管理手段也将更侧重于建立更为完善的事中、事后监管新机制，市场参与主体的自主行为能力将进一步增强，如利率市场化改革进程将进一步加快，人民币汇率形成机制将继续完善，《中华人民共和国证券法》正在修订的过程中，股票市场注册制改革渐行渐近；互联网与金融市场之间将进一步规范融合，这些都可能会为金融市场的创新提供更多的条件和动力，从而推动金融市场的改革创新。在金融市场自身运行方面，随着我国金融市场不断发展，新的市场主体、产品和交易方式也将随之发展，这将会进一步完备子市场序列，促进各子市场的发展。在这个过程中，各子市场可能会拓展其产品和投资者边界，促进子市场间的互联互通，将可能会增加市场投资者对具有锁定某些领域风险和收益职能的金融衍生产品的需求，从而促进这类市场的创新发展。

（三）金融市场国际化将向更深远迈进

一是我国经济发展新常态对我国金融市场提出双向开放的新要求，我国金融市场将更进一步以开放促改革，运用好国内、国外两个市场，促进“引进来”和“走出去”，更好地服务我国经济参与全球竞争。二是人民币国际化将促进金融市场对外开放。2009年以来，人民币的国际地位显著提高，截至2014年末，人民银行先后与26个境外央行或货币当局签署总额度近3万亿元人民币的双边本币互换协议，人民币已成为国内第二大跨境支付货币、全球第七大储备货币。2015年，我国将稳步推进人民币国际化，伴随着这一进程，境外人民币存量将会不断增多，在信用货币条件下，从长期来看，持有现金的收益往往为负，因此，境外人民币持有主体需要寻找投资渠道。从其持有外币的动机来看，其主要是满足贸易结算和外债清偿的需要，对投资渠道的选择以安全性较高、流动性较好的金融市场产品为主，这将促进金融市场的对外开放。三是随着“一带一路”等经济战略的实施，我国将可能为更多的国家提供基础设施建设贷款等金融服务，金融“走出去”的力度将有所扩大，可能会加快我国金融市场国际化的步伐。四是随着经济的进一步发展，我国经济各个领域都将更为广泛地参与到国际市场的发展中去，这一过程也将推动我国金融市场的国际化发展。

第二章 货币市场

2014年，货币市场交易规模保持增长，市场利率总体下行。其中，同业拆借市场运行总体平稳，非银行类金融机构交易持续活跃；债券回购市场交易规模稳步扩大，交易期限结构呈现短期化；短期融资券市场发行规模显著增加，投资者更趋多元；票据市场发展较快，市场风险防控意识进一步上升。

一、同业拆借市场

（一）同业拆借市场的运行环境和基本情况

2014年，人民银行继续发挥公开市场操作的预调微调功能，结合各阶段流动性供求变化情况，合理把握公开市场操作的力度和频率，有效应对多种因素引起的短期流动性波动。全年累计开展正回购操作30 260亿元，逆回购操作5 250亿元，累计净投放资金840亿元。

在货币政策工具方面，在保持流动性总体适度的前提下，人民银行积极运用常备借贷便利和中期借贷便利工具，为符合宏观审慎要求的商业银行提供资金支持，同时加大支农再贷款力度，通过抵押补充贷款工具(PSL)为开发性金融支持棚户区改造提供长期稳定、成本适当的资金额度，进一步改进宏观审慎管理指标，逐步扩大地方法人等中小金融机构和对棚户区改造、稳外贸支持力度较大金融机构的信贷投放空间。

2014年，同业拆借市场累计成交37.66

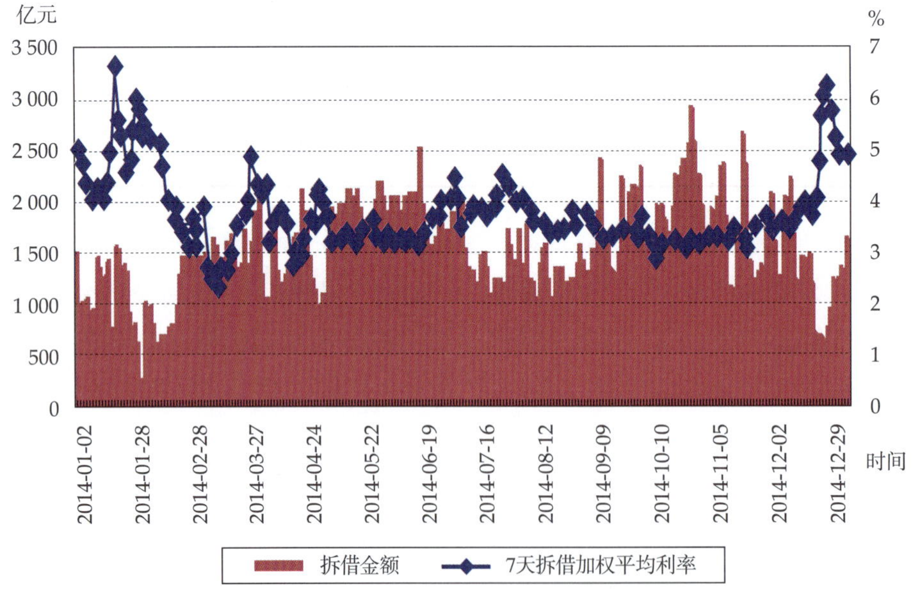

数据来源：全国银行间同业拆借中心。

图2-1 2014年同业拆借交易量和利率走势

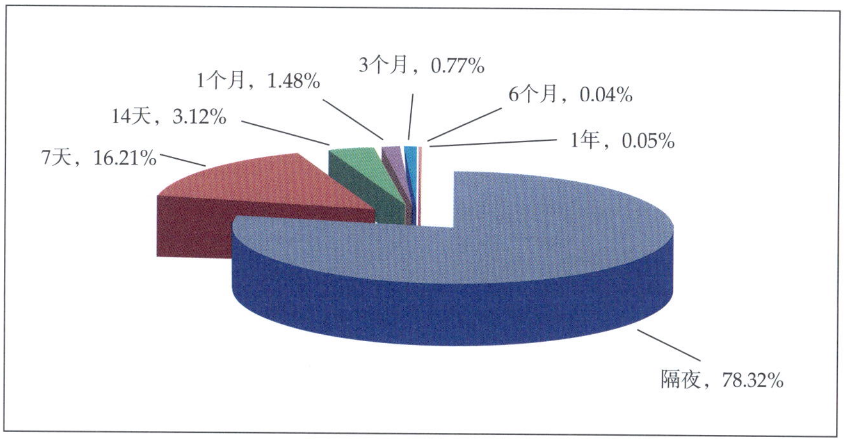

数据来源：全国银行间同业拆借中心。

图2-2 2014年同业拆借交易期限结构

万亿元，日均成交1 506.51亿元，同比增长6.04%。2014年同业拆借全年加权平均利率为2.96%，同比下降71个基点。以7天期利率为例，单日同业拆借利率最高点为1月20日的6.64%，比2013年的最高点低561个基点；最低点为3月12日的2.34%，比2013年的最低点低21个基点；全年利率极差为430个基点，同比缩小540个基点。

2014年，同业拆借交易期限结构仍以短期为主。7天期以内交易合计成交35.60万亿元，占总交易量的94.53%，较上年上升0.60个百分点，其中，隔夜拆借交易占总交易量的78.32%，较上年下降3.78个百分点；7天以上1个月以内交易合计1.77万亿元，占总交易量的4.60%，较上年下降0.60个百分点；3个月期及以上的交易合计成交3 251.96亿元，

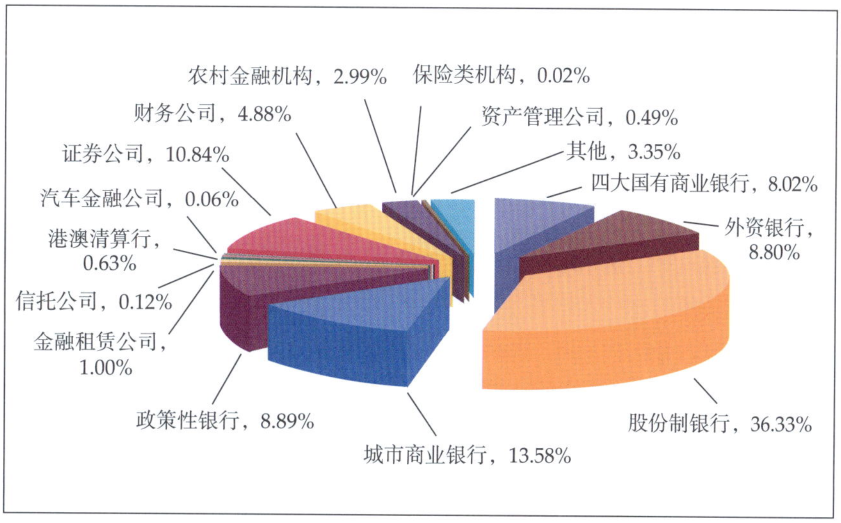

数据来源：全国银行间同业拆借中心。
注：“其他”包括中债信用增进投资股份有限公司。

图2-3 2014年同业拆借交易主体结构

占总交易量的0.86%，较上年上升0.01个百分点。

2014年，同业拆借市场交易主体仍以银行类金融机构为主。股份制商业银行的交易量占比最大，为36.33%；其次是城市商业银行，占13.58%;政策性银行占8.89%；外资银行占8.80%；四大国有商业银行占8.02%；包括上述五类机构在内的银行类金融机构合计占比为82.58%。非银行类金融机构交易量占比总体较小，但其中证券公司、企业集团财务公司比较活跃，证券公司交易量占整个市场的10.84%，财务公司占4.88%。

（二）同业拆借市场运行的主要特点

1. 市场成交温和增长

继2013年同业拆借市场成交规模出现回落，2014年，市场成交有所回暖。年内成交情况总体稳定，月成交规模多在3万亿～4万亿元，仅年初和年末期间，因跨节、跨年等时点因素影响，成交规模有所下降，单月成交2万亿元左右。全年同业拆借市场累计成交量同比温和增长6.04%。

2. 利率走势呈U字形，波动幅度逐步收窄

2014年，同业拆借全年加权平均利率为2.96%，较上年下降71个基点。利率走势呈现两头高、中间低的走势。以7天期拆借利率为例，春节前后，受市场流动性状况变化的影响，市场利率从1月中旬开始快速上升，至1月20日达到最高点6.64%；随后单边下降至3月中旬的低点2.34%；从4月开始市场利率以震荡为主，震荡区间在3%至4%之间，且振幅逐渐缩小；临近年末，市场利率出现明显上升，至12月22日出现年内次高点6.26%，之后小幅回落，至12月31日收于4.89%。

全年利率波幅较上年有所收窄。以7天期利率为例，单日同业拆借利率最高点为1月20日的6.64%，比去年最高点低561个基点，最低点为3月12日的2.34%，比去年的最低点低21个基点；全年利率极差为430个基点，同比缩小540个基点。

利率波动幅度的收窄，一方面由于今年以来货币政策的预调微调保持了较高的连续性和稳定性，对维持市场资金面基本均衡，稳定市场预期作用明显；另一方面，近一年来金融机构对资产负债管理的力度有所加强，对流动性风险管理工作的关注程度不断提升，对特殊时点的流动性需求普遍提前安排，从而降低了季节性因素对市场价格的影响。

3. 银行类金融机构资金融出量总体增长

拆借市场融资格局继续保持银行类金融机构融出、非银行类金融机构融入的特点。其中，净融出量最大的机构为股份制商业银行，全年累计净融出6.06万亿元，同比增长91.17%，占净融出机构融出总量的37.01%，其次是政策性银行和邮政储蓄银行，净融出量分别为6.00万亿元和2.13万亿元，较去年全年融出量增长6.57%和233.83%，净融出占比分别为36.64%和13.01%，四大国有商业银行继2013年全年净融入近2 000亿元后，今年回归资金供给方，全年净融出1.61万亿元，占净融出机构融出总量的9.81%。

4. 非银行类金融机构增长迅速，资金融入量大幅提高

2014年，同业拆借市场中非银行类金融机构成员家数、交易规模及活跃度均有较大提高。全年共有56家非银行类金融机构获准进入全国银行间同业拆借市场，包括33家企业集团财务公司、12家信托公司、5家证券公司、2家金融租赁公司、2家保险公司、1家汽车金融公司和1家保险资产管理公司。非银行类金融机构成员数共计322家，占市场成员总数的26%。

从交易情况来看，在同业拆借市场成交13.12万亿元，同比增长53.27%，市场成交占比达17.42%，较去年上升5.37个百分点。非银行类金融机构是市场的主要资金需求方，其中，证券公司和企业集团财务公司资金净融入量最大，分别为7.84亿元和2.77亿元，较去年全年增长95.51%和22.57%。

5. 对外开放步伐加快

继2009年、2010年中国银行（香港）有限公司和中国银行澳门分行先后获准进入境内银行间同业拆借市场后，2014年，中国工商银行新加坡分行和中国银行台北分行获得市场成员资格，至此，银行间同业拆借市场中的境外人民币清算银行已增加至4家。

近年来，境外人民币清算行境内同业拆借交易规模稳步增长，从2009年的177.40亿元增长至2014年的4 788.60亿元，增长了约27倍。银行间同业拆借市场一方面为境外人民币清算行提供了人民币流动性管理的渠道以及与境内银行间市场成员沟通交流的平台；另一方面支持了人民币跨境使用，促进了金融市场对外开放。

（三）同业拆借市场的发展趋势

经过多年发展，同业拆借市场建立起了较健全的法规体系，基础设施完善，市场分层合理，运行有效。随着市场的发展和市场主体的成熟，同业拆借管理将逐步由事前的行政审批转向注重事后的监督管理，即加强市场透明度管理、加强事后监督检查，以推动同业拆借市场平稳健康发展。

二、债券回购市场

2014年，银行间债券回购市场交易规模稳步扩大，交易期限结构与上年相比呈现短期化，回购利率显著下行，政策性金融债在

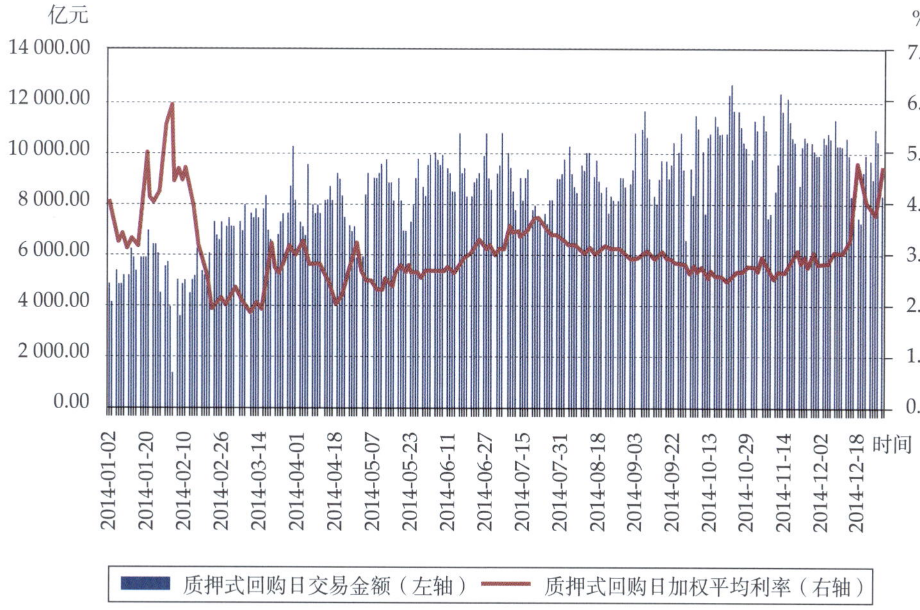

数据来源：中国货币网。

图2–4　2014年质押式回购成交量价

回购标的中占比最大，大型商业银行和政策性银行表现为资金净融出。

（一）债券回购市场的基本情况

2014年，银行间债券回购市场累计成交224.42万亿元，较上年同期增长41.89%。其中，质押式回购累计成交212.42万亿元，较上年同期增长39.77%；买断式回购累计成交12.00万亿元，较上年同期增长93.86%。交易所国债市场标准券回购交易额为90.72万亿元，较上年同期增长37.20%。

2014年，银行间债券回购市场回购利率及波动幅度均较上年有所下降。质押式回购加权平均利率为2.98%，比2013年下降56个基点。最高点为1月29日的5.90%，最低点为3月11日的1.93%，利率极差为397个基点，比2013年下降570个基点。买断式回购加权平均利率为3.44%，比2013年下降52个基点，利率极差为399个基点。2014年，质押式回购利率与买断式回购利率走势保持一致，市场整体利率水平低于2013年。

（二）债券回购市场运行的主要特点

1. 回购市场交易规模稳步扩大

2014年，银行间债券回购市场成交规模稳步扩大，交易金额较上年增长了41.73%，增长率较上年的11.61%上升了30.12个百分点。其中，买断式回购增幅最大，同比增长近九成。

2. 交易期限结构呈现短期化

在交易期限结构方面，7天期以下的质押式回购交易占比达92.72%，较2013年增加0.71个百分点。其中，隔夜品种成交继续活跃，共成交166.91万亿元，占质押式回购总成交量的78.57%，较2013年减少0.50个百分点；7天期品种成交量占比为14.14%，较2013年增加1.20个百分点。14天期以上期限回购交易占比有所下降，其中14天期品种成交量占比为4.52%，较2013年增加0.26个百分点，21天期及以上的交易成交占比为2.76%，较2013

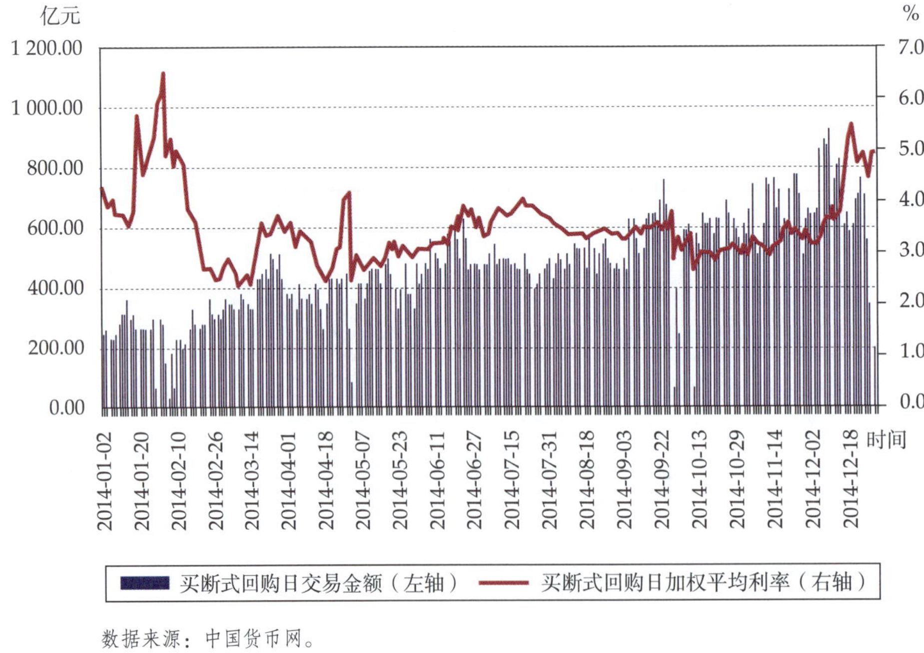

数据来源：中国货币网。

图2-5 2014年买断式回购成交量价

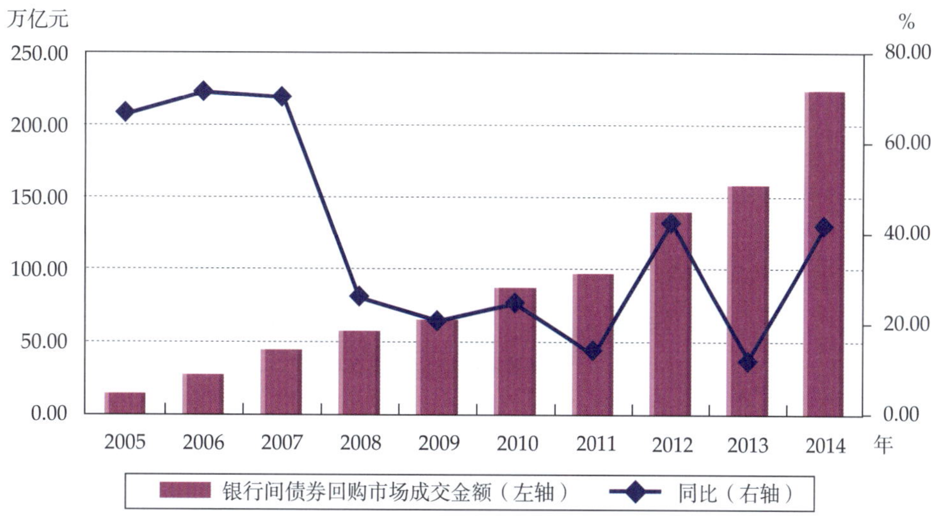

数据来源：中国货币网。

图2-6 2005~2014年债券回购市场交易规模及增长率

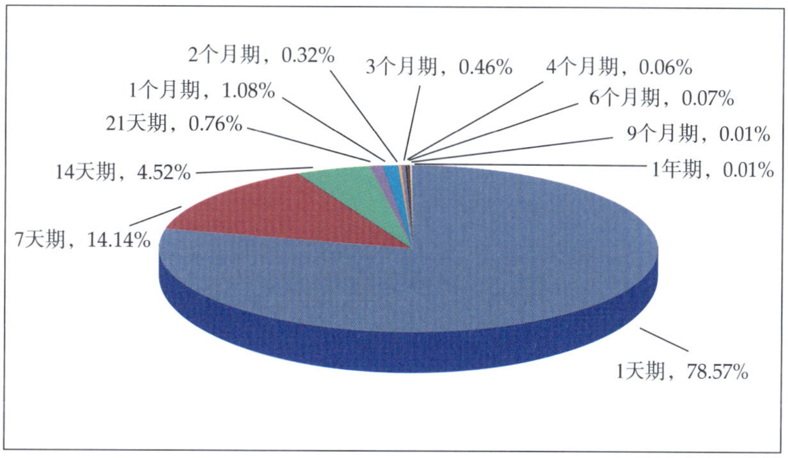

数据来源：中国货币网。

图2-7 2014年债券市场质押式回购交易期限结构

年下降0.96个百分点。

买断式回购交易期限结构也在上年有所拉长的基础上重新呈现短期化，7天期以下的交易占总成交量比重达87.31%，较2013年增加4.29个百分点。

3. 政策性银行债在回购标的中占比最大

2014年，以国债、央行票据和政策性金融债为标的的质押式回购占比为79.09%，比2013年增加了1.13个百分点。其中，以央行票据作为回购标的的交易占比由2013年的4.11%进一步减少至0.76%，延续了自2009年以来的下降趋势；但以政策性金融债作为回购标的的交易占比由上年的36.15%上升为40.70%，上升了4.55个百分点。同时，以短期融资券、超短期融资券、中期票据、集合票据和企业债为标的的质押式回购占比为15.86%，比2013年下降了0.79个百分点。

2014年，以国债、央行票据和政策性金

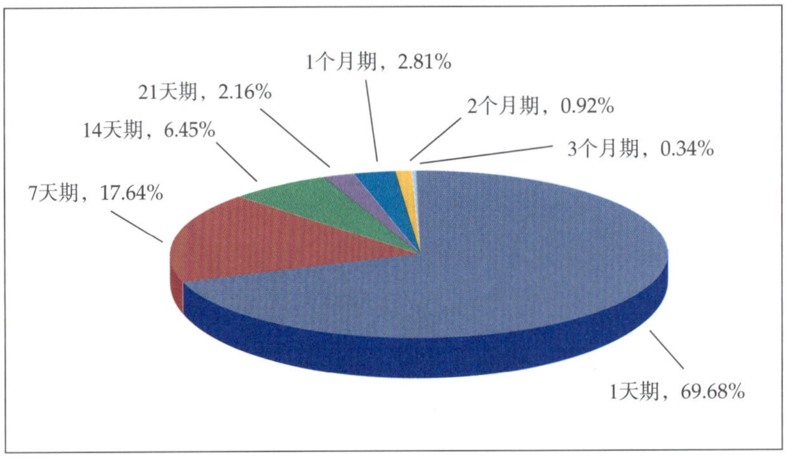

数据来源：中国货币网。

图2-8　2014年债券市场买断式回购交易期限结构

融债为标的的买断式回购占比为45.44%，比2013年增加0.28个百分点。其中，以国债作为回购标的的买断式回购比上年上升了5.76个百分点，而以政策性金融债和央行票据作为回购标的的买断式回购分别比上年下降了5.22个和0.25个百分点。以短期融资券、超短期融资券、中期票据、集合票据和企业债为标的的买断式回购占比由上年的49.28%上升为51.30%，上升了2.02个百分点。其中，回购标的为短期融资券的买断式回购出现显著上升，其成交占比由2013年的3.87%上升为8.81%。

4. 大型商业银行和政策性银行表现为资金净融出

从回购市场的机构情况来看，2014年，城市商业银行、农村商业银行和合作银行、股份制商业银行分列融入资金的前三位，正回购量分别为67.54万亿元、33.37万亿元和32.29万亿元，占正回购总量的比重分别为30.13%、14.89%和14.40%；大型商业银行、政策性银行、城市商业银行分列融出资金的前三位，逆回购量分别为48.33万亿元、42.78万亿元和38.18万亿元，占逆回购总量的比重分别为21.56%、19.08%和17.03%。

从资金净流向来看，融出资金前三位的机构分别是大型商业银行、政策性银行、信托公司，净融出资金分别为42.01万亿元、41.40万亿元和3.76万亿元；融入资金前三位的机构分别是城市商业银行、证券公司、农村商业银行和农村合作银行，净融入资金分别为29.36万亿元、19.48万亿元和12.35万亿元。

5. 债券回购利率与同业拆借利率保持高度同步

2014年，质押式回购日加权平均利率与同业拆借日加权平均利率的序列相关系数为0.9870，二者在趋势上保持了高度同步。从二者的利差情况来看，二者利差的平均值为8个基点，较上年增加1个基点，在250个交易日中，小于10个基点的天数占比为69.60%。

2014年，债券回购利率呈现“两头高、中间低”的走势。从质押式回购日加权平均利率来看，1月中旬出现快速上升，并在1月29日达到年内高点5.90%，之后下探至3月11日的低点1.93%，随后呈现窄幅震荡走势，临近年末再度出现上扬，并于年末收于4.68%。

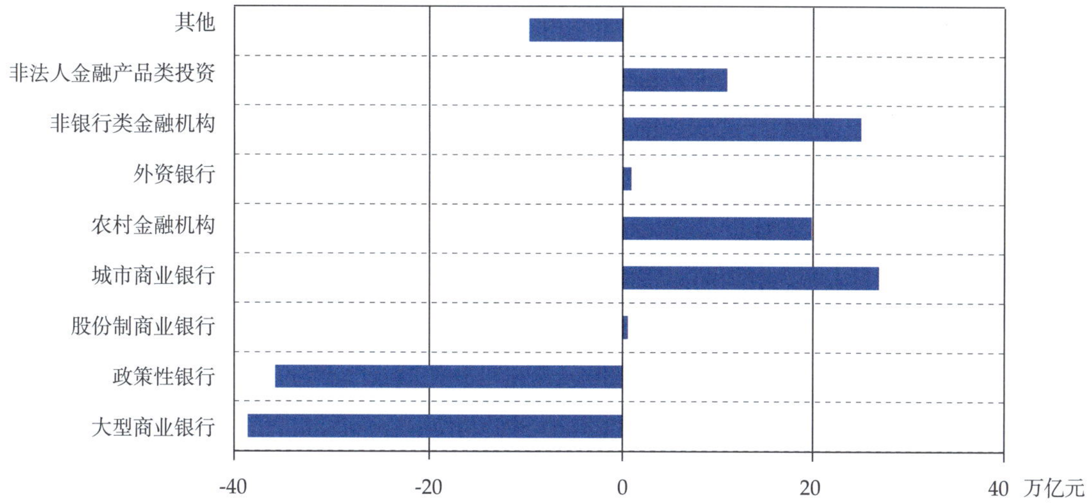

注：1. 图中数据为正回购减去逆回购的净回购金额。
2. 大型商业银行包含中国工商银行、中国建设银行、中国农业银行、中国银行、交通银行、邮政储蓄银行6家。
3. 政策性银行仍包含国家开发银行。
4. 股份制商业银行不含交通银行。
5. 农村金融机构含农村商业银行和农村合作银行、农村信用联社、村镇银行。
6. 非银行金融机构含证券公司、基金公司、财务公司、保险公司、保险公司的资产管理公司、资产管理公司、信托投资公司等。
7. 非法人金融产品类投资含基金、基金公司的特定客户资产管理业务、证券公司的证券资产管理业务、保险公司的保险产品、社保基金、企业年金、商业银行资产管理、信托公司的金融产品、其他投资产品等。

数据来源：中国货币网。

图2–9　2014年债券回购市场机构交易情况

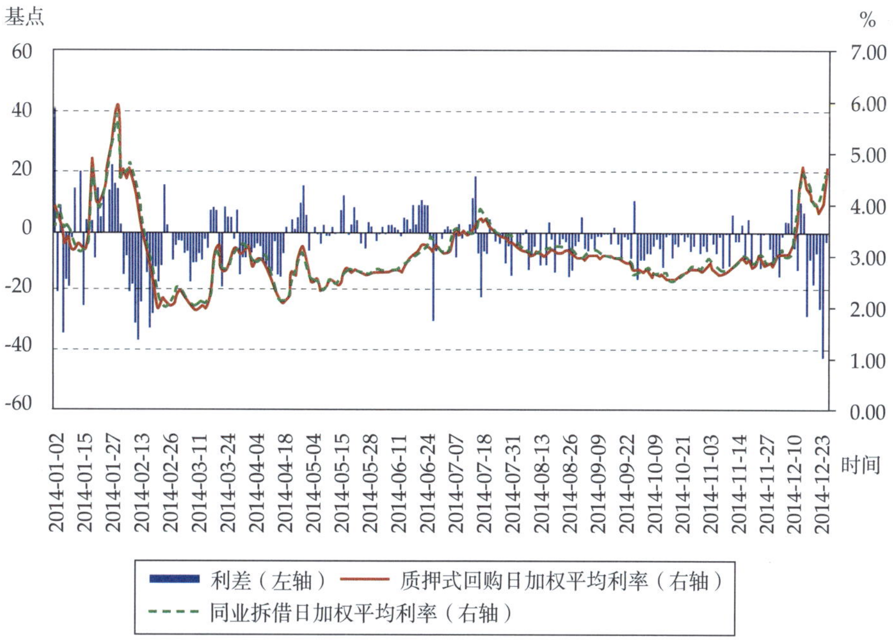

数据来源：中国货币网。

图2–10　2014年债券回购利率与同业拆借利率走势及利差情况

（三）债券回购市场的发展趋势

自1997年银行间债券市场成立以来，以银行间债券回购市场为主体的债券回购市场经历了10多年的快速发展，市场广度和深度不断扩大，银行间债券回购市场交易规模继2011年首次达到100万亿元后，2014年再次突破200万亿元，不仅对金融机构资产负债管理和市场主体资金融通发挥着越来越重要的作用，而且也逐渐成为央行公开市场操作的主要手段和货币市场短期利率的重要参考。2014年，人民银行共通过公开市场操作进行了83次正回购和4次逆回购操作，回购交易量累计达3.55万亿元。其中，7月31日、9月18日、10月14日和11月25日分别将14天正回购利率下调10个、20个、10个和20个基点，至3.70%、3.50%、3.40%和3.20%，有效引导和降低了社会融资成本。

展望2015年，随着我国利率市场化改革的持续推进，以及金融市场改革开放力度的不断加大，银行间债券回购市场也将获得稳步快速发展，产品结构将会进一步丰富，各项制度建设和基础设施建设不断完善，银行间债券回购市场作为人民银行进行公开市场操作的重要平台，将为政府与宏观调控部门引导货币市场利率走势和调节市场流动性创造良好实施条件。

三、短期融资券市场

2014年，短期融资券市场保持平稳较快发展势头。一级市场发行规模显著增加，存量规模稳步增长；二级市场平稳运行，现券交易量逐月增加，收益率呈先下行后上行走势，整体下行。

（一）短期融资券市场的运行情况

2014年，非金融企业累计公开发行1 506只非金融企业短期融资券①，只数较去年增加39.83%；累计发行额为21 543.5亿元，较去年增加34.15%。全年累计兑付金额为17 325.1亿元。截至2014年末，未到期短期融资券余额17 391.6亿元，较上年末增长32.02%。2014年，平均每只短期融资券的发行规模为14.31

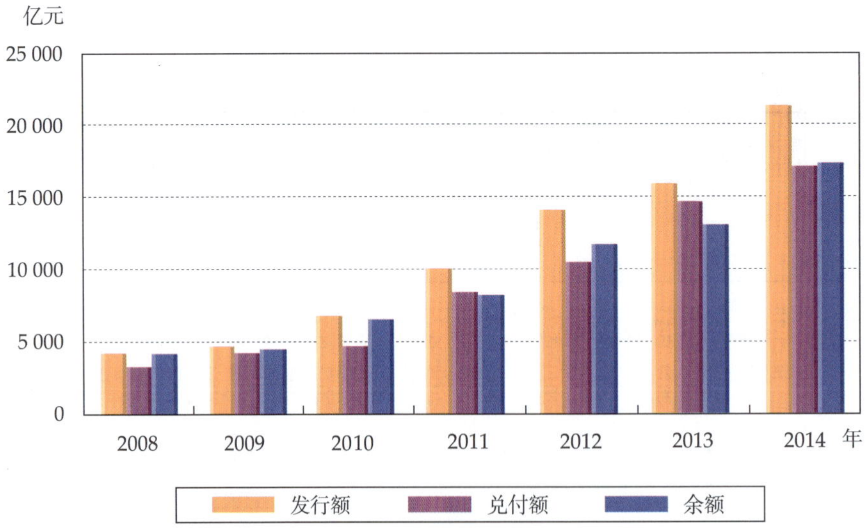

①包括非金融企业短期融资券（CP）和超短期融资券（SCP）。

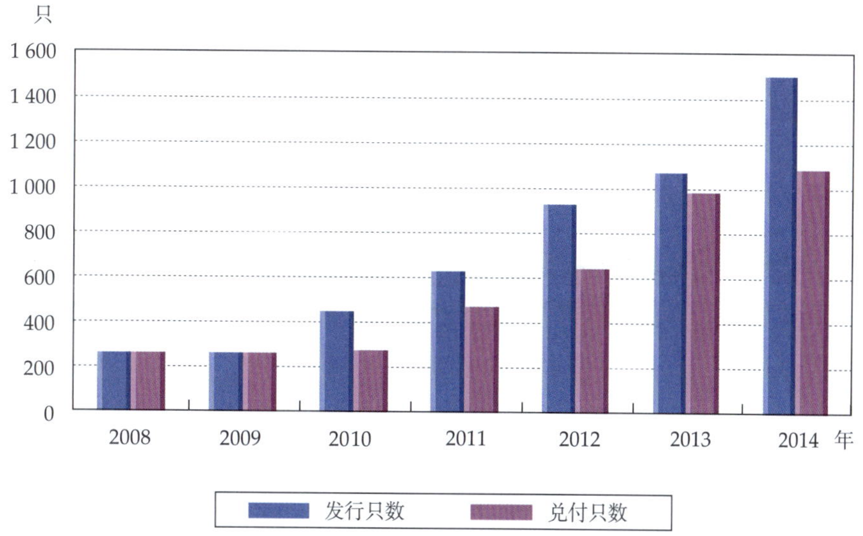

数据来源：中国银行间市场交易商协会。

图2–11 短期融资券发行兑付概况

亿元，较上年下降0.61亿元。

2014年，共有40家证券公司累计发行252只证券公司短期融资券，发行只数较去年增加123只；累计发行规模达4 114.9亿元，较上年增长43.58%。2014年，证券公司短期融资券的主体评级重心持续下移。从发行规模来看，AA级和AA+级证券公司短期融资券的规模占比分别为8.91%和16.31%，较上年增加4.58个百分点和6.32个百分点。此外，中国证券金融股份有限公司发行5期短期融资券，发行规模合计132亿元，较上年增加2期42亿元。

二级市场平稳运行，现券交易量逐月增加。2014年，非金融企业短期融资券现券成交量从1月份的2 028.1亿元稳步增长至12月份的6 419.6亿元，增幅达216.53%。2014年，短期融资券市场累计现券交易5.32万亿元，较2013年增长8.82%。

二级市场收益率呈先下行后上行走势,整体下行。1～2月，非金融企业短期融资券二级市场收益率显著下行，随后在3月中下旬有所回调，但从4月初开始重新步入下行通道，国庆节后下行幅度进一步加大。11～12月中旬，短期融资券收益率转向快速上行，临近年末才有所回落。全年来看，短期融资券二级市场收益率整体下行，截至2014年末，1年期AAA级、AA级及A级短期融资券收益率分别为4.7192%、5.6292%和9.5392%，较年初分别下行156个基点、144个基点和53个基点。

（二）短期融资券市场运行的主要特点

1. 超短期品种快速发展

2014年，短期限债券产品的利率下降明显，发行人和投资人更为偏好短期产品。中国银行间市场交易商协会（以下简称交易商协会）进一步扩展超短期融资券（SCP）发行主体范围至AA级企业，适应企业实际需求，超短期品种继续快速发展。2014年，超短期融资券发行占比明显提高。从发行只数看，超短期融资券在非金融企业短期融资券（含超短期融资券）中的占比约28.88%，较

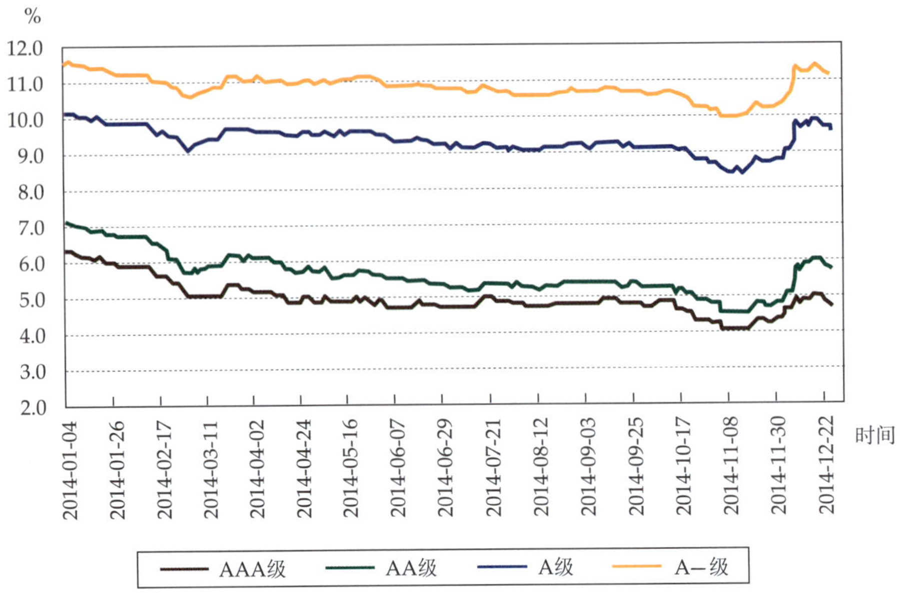

数据来源：中央国债登记结算有限责任公司。

图2-12 1年期短期融资券二级市场收益率

2013年提高8.83个百分点；从发行规模看，超短期融资券在非金融企业短期融资券的占比约50.34%，较2013年提高了3.42个百分点。超短期限产品规模的快速增长，一方面满足了发行人超短期流动性资金需求，有效满足企业灵活的财务安排，降低企业综合融资成本，另一方面也为投资人提供了重要的超短期投资品种。

2. 发行利率变化有效传导货币政策意图

2014年，人民银行在保持流动性总量适度充裕的同时着力引导市场利率，降低社会融资成本。由于非金融企业短期融资券的注册发行高度市场化，发行利率对市场利率变化和预期反应敏感。2014年初以来，短期融资券发行利率总体呈现下行走势，与货币市场利率保持较好的同步性，有效发挥了债务融资工具市场对利率政策的传导作用。从利率水平看，短期融资券二级市场收益率年内持续下行，2014年11月11日，1年期AAA级短期融资券二级市场收益率为4.0387%，达到年内最低点，较年初下行224个基点；从信用利差看，1年期AAA级与AA级短期融资券信用利差从年初的80个基点左右降至11月中旬的45个基点左右。随后，短期融资券收益率快速上行，信用利差也有所扩大。

3. 短期融资券投资者结构进一步优化

基金等集合类投资机构持有量增加，持有人多样化格局已经基本形成。一方面，基金等集合投资人和信用社、证券公司等非银行类金融机构显著增持非金融企业短期融资券（含超短期融资券）。截至2014年末，基金等集合类投资人持有短期融资券7 749.36亿元，持有占比44.63%，较上年末增加5.22个百分点；信用社和证券公司分别持有短期融资券343.40亿元和331.77亿元，持有占比为1.98%和1.91%，较上年末增加0.25个百分点和0.37个百分点。另一方面，商业银行的持有占比有所降低。截至2014年末，商业银行持有短期融资券7 854.47亿元，虽然仍是短期融资券最主要的持有人之一，但其持有占比已

表2–1 机构投资者持有短期融资券情况表

单位：亿元，%

	持有余额(2014年10月)	占比	比2013年增减	持有余额(2013年)	占比	比2012年增减
政策性银行及国家开发银行	454.30	2.62	–0.98	458.80	3.54	2.66
商业银行①	7 854.47	45.23	22.57	6 408.17	49.40	19.99
全国性商业银行	6 896.62	39.71	18.94	5 798.18	44.69	25.11
外资银行	121.19	0.70	32.02	91.80	0.71	–35.98
城市商业银行	509.77	2.94	39.48	365.47	2.82	27.56
农商行和农合行	324.59	1.87	117.09	149.52	1.16	–1.16
非银行类金融机构	1 077.56	6.21	29.16	834.29	6.43	13.64
信用社	343.40	1.98	52.86	224.65	1.73	–3.14
证券公司	331.77	1.91	66.33	199.47	1.54	–20.85
保险机构	350.86	2.02	1.56	345.48	2.66	75.80
基金等集合投资人	7 749.36	44.63	51.58	5 112.44	39.41	–1.78
非金融机构	1.50	0.01	–60.53	3.80	0.03	–82.65

数据来源：上海清算所。

从2013年末的49.40%降低至45.23%。

（三）短期融资券市场的发展展望

1. 市场规模稳步增长

2015年，我国进入经济发展新常态，经济运行将保持在合理区间，转方式、调结构持续推进。新型工业化、信息化、城镇化和农业现代化将保持同步发展，战略新兴产业、服务业和中高端制造业对经济发展的支撑作用有望继续增强。2014年底召开的中央经济工作会议强调坚持宏观政策要稳、微观政策要活、社会政策要托底的总体思路，继续实施积极的财政政策和稳健的货币政策。预计2015年非金融企业短期融资需求将保持旺盛，短期融资券市场规模有望保持稳步增长，有效满足实体经济的短期资金需求。

2. 投资者结构进一步多元化

2014年11月3日，非金融机构合格投资人交易平台正式上线，非金融机构合格投资人可通过该平台进行债券投资交易。自12月1日起，部分合格金融机构投资者，包括农商行、农合行、农信社、村镇银行等农村金融机构，信托产品、券商资管计划、基金公司及其子公司资管计划、保险资管产品四类非法人投资者，也将重新进入银行间债券市场。这些合格投资者进入债务资本市场，参与短期融资券投资交易，有助于进一步丰富短期融资券投资者队伍，优化投资者持有机构。

①全国性商业银行包括国有及国有控股商业银行和股份制商业银行，其中国有及国有控股商业银行包括中国工商银行、中国农业银行、中国银行、中国建设银行、交通银行、邮储银行及以上各银行分行，股份制商业银行包括中信银行、光大银行、华夏银行、广东发展银行、深圳发展银行、招商银行、上海浦东发展银行、兴业银行、中国民生银行、恒丰银行、浙商银行、渤海银行及以上各银行分行。

四、票据市场

2014年，全国金融机构积极开展商业汇票承兑和贴现业务支持中小企业票据融资需求；同时，主要商业银行更加注重票据业务风险防控，票据市场整体稳健运行。票据融资余额及其在各项贷款中的占比均小幅增加；票据市场转贴现交易活跃，票据转贴现利率呈现整体震荡下跌，跌幅逐季收窄后于年末小幅上涨的运行特点。2014年，互联网票据跨界创新成为票据市场发展的新业态，也为商业银行跨市场和多元化票据业务创新发展提供了借鉴路径。

（一）票据市场的运行概况

2014年，针对经济增速放缓的下行压力，中央采取微刺激政策，央行实施定向宽松货币政策的预调微调，为金融机构票据业务经营提供了有利的市场环境，金融机构加大了商业汇票承兑业务办理力度，充分发挥了承兑业务在支持中小企业票据信用增级和融资支持两方面的重要作用，银行承兑汇票业务持续增长。2014年，企业累计签发商业汇票22.1万亿元，同比增长8.9%；期末商业汇票未到期金额为9.9万亿元，同比增长9.3%。9月末，票据承兑余额比年初增加0.8万亿元。从行业结构看，企业签发的银行承兑汇票余额仍集中在制造业、批发和零售业；从企业结构看，由中小型企业签发的银行承兑汇票约占三分之二。2014年，商业银行主动调整资产负债结构，在信贷投放需求不足的背景下，适当增加票据融资规模。1月和2月，为支持一般性贷款投放，银行仍采用减持票据的业务策略释放信贷规模，自3月起，银行改变票据业务经营策略，开始加大票据融资支持信贷投放力度，票据融资止跌回升；此后，主要商业银行连续8个月增持票据资产，第二季度和第三季度票据融资规模环比增幅逐季提高，年末主要商业银行再次减持票据，票据融资增长平稳回落。截至12月末，金融机构票据融资余额达2.92万亿元，比上年末增加了9 574亿元，比上年末增长了48.86%，在各项贷款中占比3.57%，比上年末增加了0.84个百分点。

2014年，在票据融资总量持续增长和央行加大力度维持流动性适度宽松的有利条件下，金融机构积极开展票据转贴现交易以获取交易价差盈利，转贴现交易持续活跃。2014年，金融机构累计贴现60.7万亿元，同比增长33.0%。2014年，市场对监管部门出台同业业务监管新政策的预期较强，对票据回购业务的开展采取稳健经营策略，票据回购市场整体交易在持续调整的同时仍相对活跃。

2014年，在人民银行再贴现利率引导以及货币市场利率和票据市场供求变化等因素的共同作用下，票据市场利率总体呈震荡下跌和季末回升的波动运行态势，跌幅逐季收窄和年末小幅回升。

（二）票据市场运行的主要特点

1. 银行承兑汇票业务持续增长，同比增速波动较为明显

2014年，在经济下行压力加大使得银行业放贷的信用风险加大，银行从企业客户拓展和信用风险防控两个角度综合考虑业务经营，加大企业签发商业汇票承兑业务办理力度，银行承兑汇票签发量逐季平稳增长。第一季度，企业累计签发商业汇票5.7万亿元，第二季度，累计签发商业汇票5.3万亿元，第三季度，累计签发商业汇票5.2万亿元，第四季度，累计签发商业汇票5.9万亿元。

2. 贴现余额先降后升，3月后票据融资规模持续增长

2014年初，在银行信贷投放总量相对较大的背景下，主要商业银行压降票据融资规模以支持一般性贷款投放，前两个月票据融资合计下降1 163亿元；3月，票据融资规模结束了2013年下半年以来的震荡回落走势，当月环比增加396亿元。自3月份起，商业银行运用票据融资支持信贷投放的策略明显，票据融资规模连续9个月持续增长，年中增速逐季加快，第二季度和第三季度票据融资余额分别环比增加3 194亿元和4 950亿元，分别环比增长了16.95%和22.47%，当季月平均增速分别为5.37%和7.04%；第四季度，票据融资规模增速回落，当季票据融资规模环比增加2 190亿元，增长7.78%，其中12月主要金融机构再次减持票据，环比减少1 400亿元或4.59%（见图2-13）。

3. 转贴现继续活跃，同业监管加强使得回购市场持续调整

自今年以来，企业票据贴现量小幅增长，央行定向宽松的货币政策释放市场流动性，为票据转贴现交易相对活跃提供了有利市场条件。自年初以来，机构主体对监管部门加强银行同业业务规范监管延续持有市场预期，主要商业银行稳健开展票据回购交易，第二季度，银发127号文和银监发140号文相继出台，票据市场主体适应监管需要积极调整业务策略，票据回购市场波动性加大。2014年，“中国票据网”票据正回购和逆回购合计报价金额7.78万亿元，同比下降0.92万亿元或10.6%；其中，逆回购报价金额4.86万亿元，同比下降2.17万亿元或27.02%，票据回购业务显现调整迹象（见图2-14）。

4. 票据转贴现利率震荡下跌，跌幅逐季收窄但年末小幅上升

2014年第一季度，在银行信贷和资金均

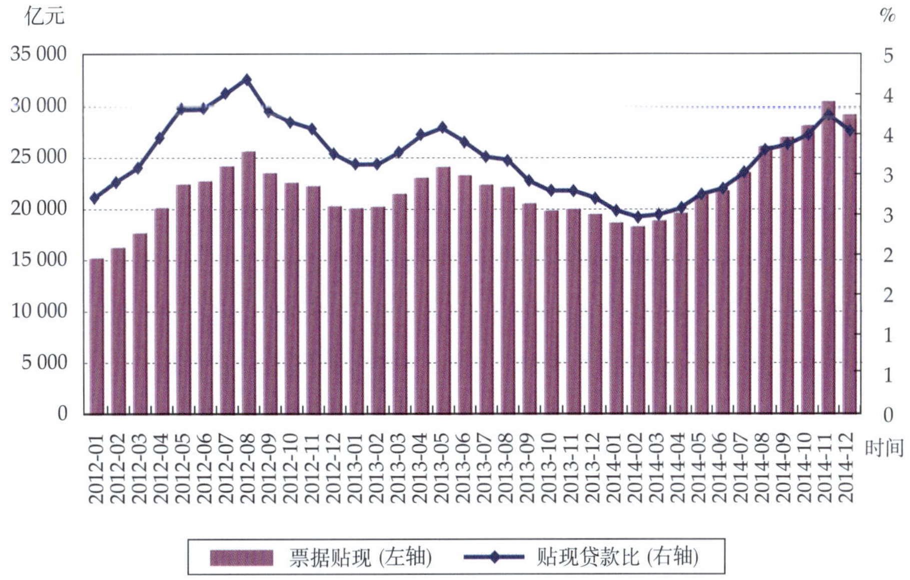

数据来源：中国人民银行。

图2-13 2012～2014 年贴现余额与贷款占比变动情况

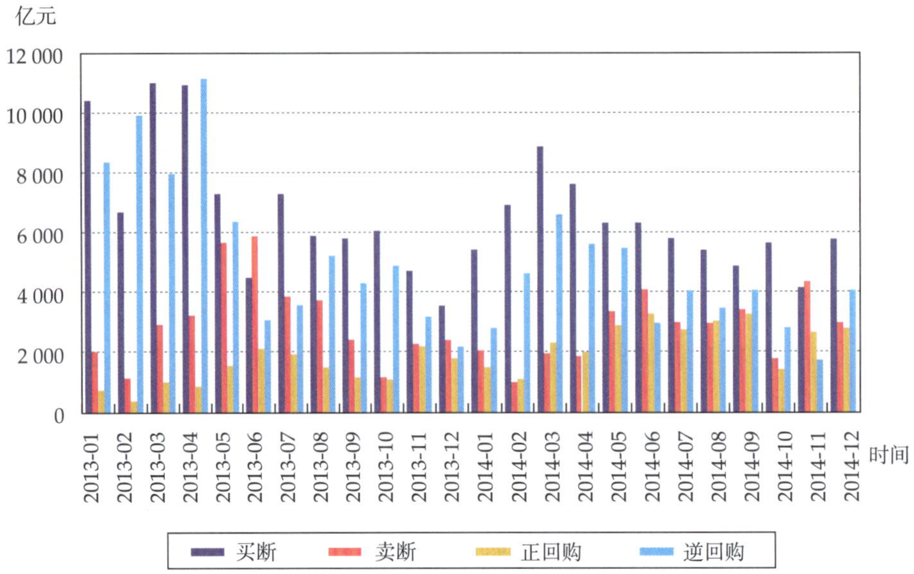

数据来源：中国票据网。

图2-14 2013~2014年中国票据网报价金额情况

宽松和年初业务较为集中办理的背景下，票据转贴现市场利率除春节假期前和季末短暂小幅上升外总体震荡较快下跌。第二季度，央行两次定向降低存款准备金率释放信贷资金，票据转贴现利率受资金面整体宽裕的带动，以下行趋势为主，6月，受市场资金面结构性紧张和同业业务规范监管等因素的影响，票据转贴利率小幅反弹，各类票据交易利率跌幅均比第一季度明显收窄。第三季度，受IPO重新开闸和央行加大定向宽松政策操作等因素的影响，资金面前松后紧，转贴现利率于7月回升，此后转贴现利率重回跌势，季末转贴现利率转为平稳运行略有反弹，当季跌幅明显收窄。第四季度，票据转贴现利率先跌后升，前期资金面宽裕仍带动转贴现利率延续震荡下行，年末，尽管央行降息，但在市场资金面更趋平衡的作用下，转贴现利率仍走出企稳、小幅回升的独立走势（见图2-15）。

5. 经营机构注重票据业务风险管控，市场整体稳健运行

2014年，受宏观经济下行压力的影响，票据经营风险有所显现，违约信用风险进一步增多，银行业信用风险控制压力加大。商业银行在审慎防控票据业务经营风险的前提下积极开展票据承兑和贴现业务，以企业客户信用风险控制为重点，加大客户资质审查和票据审验，银行承兑汇票垫款率和票据逾期率均控制在较低水平；同时，商业银行在同业业务监管更趋严格规范的环境下，在同业票据交易和合作创新业务发展的过程中，更加注重合规经营，谨慎开展票据回购等业务，遵照监管规范开展业务创新，保障了票据业务整体合规有序发展和票据市场的稳健运行。

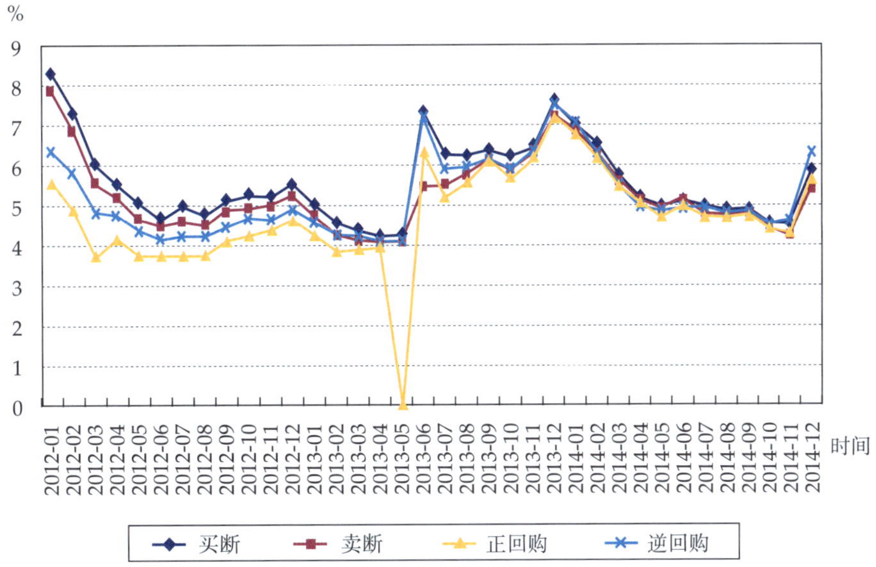

数据来源：中国票据网。

图2-15 2012~2014年中国票据网报价利率走势

6. 互联网票据新业态跨界发展，推动票据业务加快创新

2014年，在流动性宽松的金融环境下，随着余额宝等互联网货币基金理财产品收益率开始持续下跌，收益率更高和相对稳定的互联网票据受到市场关注。互联网票据主要借助互联网、移动通信技术平台为融资企业和公众提供投融资信息，以理财产品销售的方式募集社会公众投资资金，为融资企业提供商业汇票融资服务。它开创了将融资企业的票据收益权转让给广泛的理财投资人的P2B新模式。互联网票据以其较高的收益率和较低的投资门槛被社会公众认可和购买，多家电商平台纷纷把具有更稳定收益回报和风险可控的商业汇票作为理财标的资产，互联网票据理财产品纷纷涌现，并引发市场关注。在互联网票据新业态发展中，主要商业银行注重互联网金融思维在业务经营中的运用，加大票据金融服务业务创新，重点在电子商业汇票系统代理接入、加大票据资产管理业务创新力度，部分中小银行与互联网票据平台合作发展票据代理审验、托管和托收等票据中介服务，票据业务呈现多元化创新发展趋势。工商银行票据专营机构着眼于电子票据业务发展趋势，加大了票据托管系统和电子票据交易平台的建设，为将来进一步的业务创新奠定了基础。

（三）票据市场的发展展望

2015年，在经济发展的新常态下，票据市场发展也将呈现阶段性运行特点：

1. 企业票据签发总量增速放缓，银行承兑汇票小幅增长

近两年来，随着GDP同比增速的回落，商业汇票累计签发量同比增速有所放缓，但同比增速仍高达两位数，新增商业汇票签发量十分可观，表明经济中高速增长和经济结构调整仍将推动企业票据融资需求持续增长。此外，在经济下行压力加大和商业汇票承兑费率改由银行根据市场确定的环境下，银行可能会用承兑替代贷款满足客户融资需求，并通过收取保证金存款、差异化收取承兑手续费收入等方式来控制信用风险和推进盈利增长。2015年，经济新常态下的中高速增长和结构调整加快仍将为企业主动应用商业汇票进行支付和融资提供有利的外部条件，商业银行票据业务经营策略也将更加积极，企业累计签发票据总量同比仍有所增长，增幅将有所放缓。

2. 银行加大贴现支持信贷投放，票据融资作用将进一步发挥

从2014年银行信贷运行的情况看，主要商业银行自第二季度起加大贴现业务运作降低信贷投放不足的影响，贴现对贷款投放支持力度明显增强。2015年，经济新常态下的投资对信贷投放的带动作用仍将下降，主要商业银行仍将采用增加票据贴现的方式来扩张信贷投放，票据贴现在各项贷款和新增贷款中仍将占有相当比重；同期，稳增长政策将提升企业投资意愿和工业制造活动，适应结构调整方向的行业和民营中小企业的潜在票据融资需求有望回暖，相关行业和中小企业签发的银行承兑汇票及其贴现业务同比仍将小幅增长，票据融资的行业结构有望进一步优化。

3. 银行买入票据意愿相对较强，转贴现市场将继续保持活跃

2015年，央行将继续实施稳健的货币政策，灵活运用各种工具组合，保持银行体系流动性合理充裕，引导货币信贷和社会融资规模平稳适度增长。央行货币政策将为金融机构创造一个相对宽松的市场环境，市场利率整体将维持一个有限下跌和震荡整理后回升的U型运行轨迹，有利于商业银行采用先买后卖、加大增量票据资产交易运作的经营策略，并利用票据利率波动主动开展票据交易，银行也将更加主动地适应同业业务规范监管的要求，在市场条件有利的条件下加大票据回购交易的操作获利，票据转贴现和回购市场交易仍将适度活跃。

4. 票据利率整体下跌有限，将呈现阶段性波动的U型走势

2014年11月末央行降息后，受年末信贷投放相对稳定和资金面趋于平衡等因素的影响，票据贴现利率不跌反而小幅上升。2015年，预计票据贴现利率会对降息作出反应，票据贴现和转贴现利率中枢将有所降低。但经过2014年持续震荡下跌后，票据利率整体处于相对低位，且随着金融脱媒等改革进程加快，银行负债成本可能会整体上升，票据利率下跌空间有限；同时，利率市场加快推进和IPO股权融资的放开等金融深化改革措施将对市场流动性带来更加复杂的影响，引起票据利率阶段性小幅波动，年末票据利率将受到资金面结构性紧张的影响小幅回升。

第三章　债券市场

2014年，我国债券市场既重规范，又有创新，保持了良好的发展势头。从整体上看，债券市场规模继续增长，公司信用类债券发行量大幅上升；债券价格走势持续上涨，整体利率水平震荡下行；债券产品创新不断，制度规范密集出台，市场对外开放水平进一步提高。

一、债券市场运行的基本情况

（一）债券发行市场运行的基本情况

1. 债券市场发行总量大幅增长

2014年，全国债券市场共发行各类债券11.0万亿元，较上年增加2.0万亿元，增长幅度为22.26%。其中在全国银行间债券市场新发债券6 156只，发行量共计1.04万亿元，同比增长20.91%，占债券市场发行总量的94.26%。交易所发行公司债和中小企业私募债共计589只，发行量3 639.6亿元，占债券市场发行总量的5.74%。

2. 债券市场托管总量继续平稳增长

截至2014年末，全国债券市场托管量达到34.98万亿元，较上年末增加5.34万亿元，同比增幅为17.99%。其中全国银行间债券市场托管量为31.79万亿元，同比增长16.80%，占全国债券市场托管量的90.90%；交易所市场的公司债和中小企业私募债托管量为2.60万亿元，同比增长33.93%，占全国债券市场托管量的7.4%；柜台市场2014年末托管量为5 936.13亿元，同比增长21.37%，占全国债券市场托管量的1.7%。

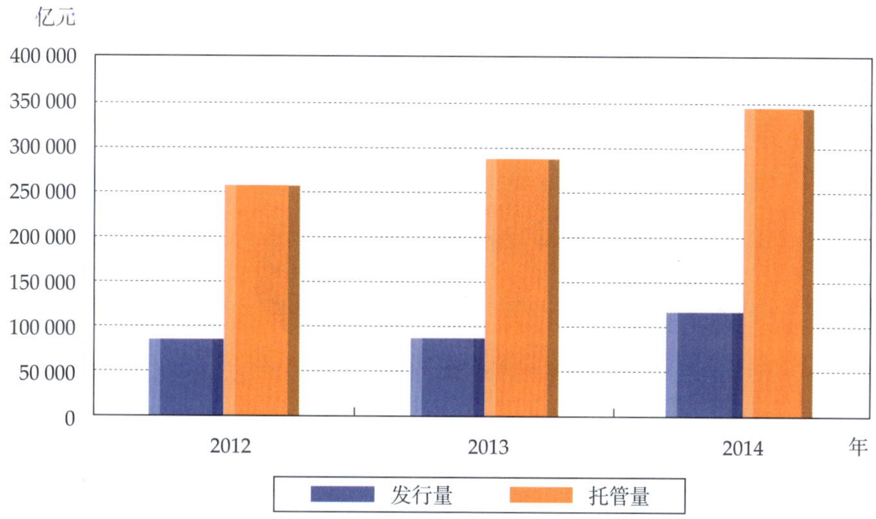

数据来源：中央国债登记结算有限责任公司，上海清算所。

图3-1　2012～2014年银行间债券市场发行量、托管量变化情况

（二）债券交易市场运行的基本情况

1. 债券市场现券交易规模略有下降，回购交易活跃度明显上升

2014年，债券市场共发生现券交易结算43.15万亿元，同比下降0.46%。全国银行间债券市场现券结算量为40.36万亿元，同比下降3.01%。交易所债券现券交易结算量共计2.79万亿元，同比增长60.31%。柜台市场现券交易量为71.7亿元，同比增长283.42%。

从银行间债券市场现券交易的券种结构来看，信用类债券现券交易结算量占比最高，比重达到41.60%，结算量同比下降9.31%；政策性银行债券①现券结算量同比提高9.91%，比重也提高至40.15%；央行票据现券结算量比重为0.31%，结算量同比下降2.14%；国债和地方政府债券现券结算量占比14.39%，结算量同比增长0.97%。

2. 债券市场价格指数持续上涨，收益率曲线震荡下行

2014年，国内经济基本面较为疲弱，经济向好预期逐渐降温，加之央行采取的预调微调货币政策，在保持流动性总量适度充裕的同时引导市场利率下行，资金面整体稳中趋松，债券市场呈现出明显的“牛市”格局，中债指数持续上涨，债券收益率曲线震荡下行。

截至2014年12月31日，中债新综合指数（净价）为99.4821，较2013年12月末的94.2616点上涨5.54%;中债新综合指数（财富）为157.0586点，较2013年12月末的142.3383点上涨了10.34%，创下2002年以来的第二大年度涨幅。中债固定利率国债、政策性银行债、企业债（AAA级）和中短期票据（AAA级）平均收益率分别较上年末下行100个、152个、136个和144个基点。

3. 债券柜台市场新加入券种交投活跃

2014年，债券柜台交易引入了国家开发银行债券、政策性银行债券和中国铁路总公司等政府支持机构，极大地提高了柜台交易的活跃度，新加入券种的交易量占到了全年柜台交易总量的73.07%。柜台交易的原主

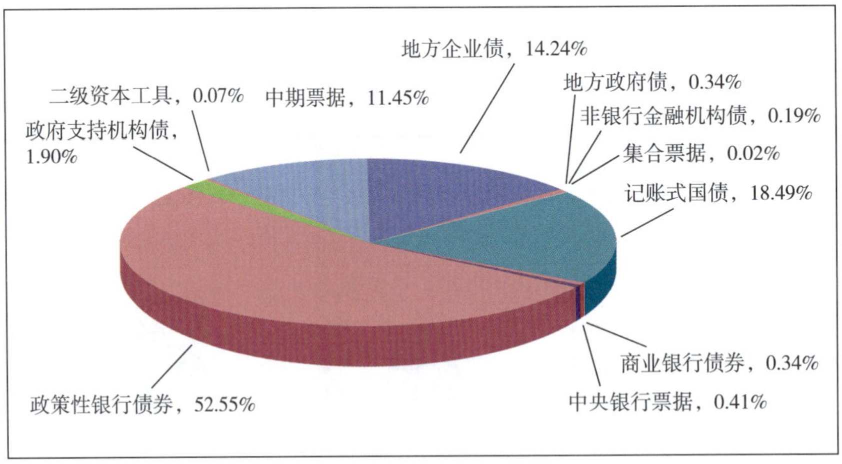

数据来源：中央国债登记结算有限责任公司，上海清算所。

图3-2 2014年银行间市场债券各券现券交易占比

①政策性银行债券含国开行、农发行以及进出口行发行的金融债券。

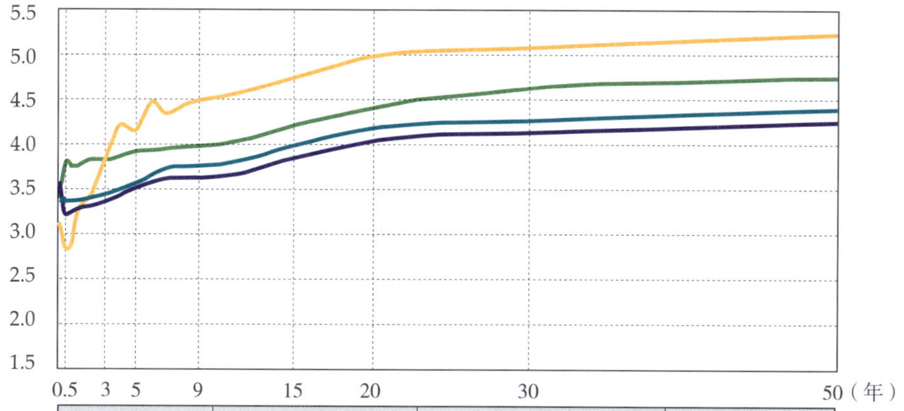

颜色	日期	待偿期（年）	收益率（%）
黄色	2014-03-31	0.0	1.8467
绿色	2014-09-30	0.0	2.1392
青色	2014-10-31	0.0	2.1287
深蓝色	2014-12-31	0.0	2.7937

数据来源：中央国债登记结算有限责任公司。

图3-3　2014年银行间固定利率国债收益率曲线

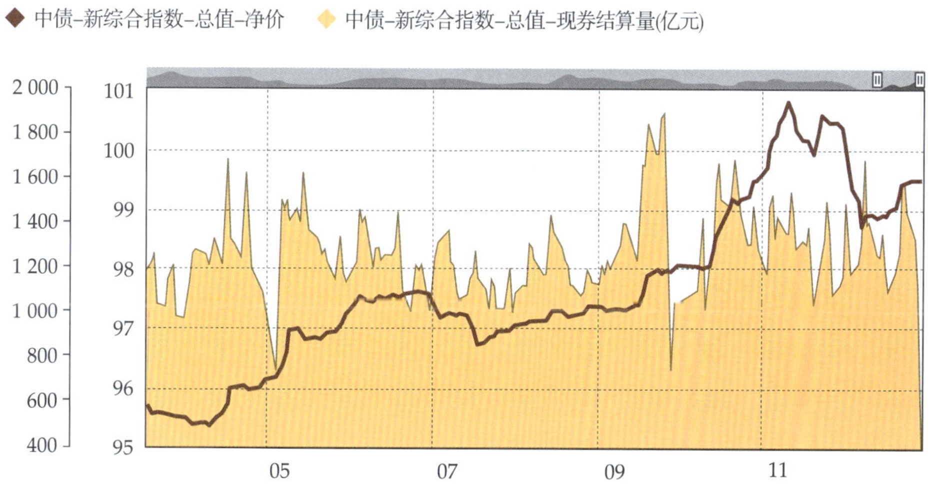

数据来源：中央国债登记结算有限责任公司。

图3-4　2014年中债综合指数（净价）走势

力品种——记账式国债2014年交易数量达到123只，较上年增加9只，覆盖了从1年期到10年期的所有关键期限品种，累计成交19.31亿元，比上年提高3.15%。储蓄国债柜台市场销售量为1 884.05亿元，比上年同期下降13.16%。

二、债券市场运行的主要特点

（一）政策性银行债和记账式国债在发行规模中仍占据主要地位

从银行间债券市场新发债券的券种结构来看，2014年，企业债券发行6 952.0亿元，同比增长46.29%；政策性银行债发行22 900.5亿元，较上年增加2 140.2亿元，同比增长10.31%；商业银行普通金融债发行1 891.0亿元，较上年增加585.0亿元，同比上升44.79%，二级资本工具发行3 568.5亿元；记账式国债发行14 207.5亿元，较上年增加970.5亿元，同比增长7.33%。政策性银行债和记账式国债在发行规模中仍占据主要地位，二者发行量合计约占发行总量的35.72%。此外，2014年债券市场新增两类创新金融产品，即同业存单和项目收益票据，发行量分别为8 914.5亿元和8亿元。

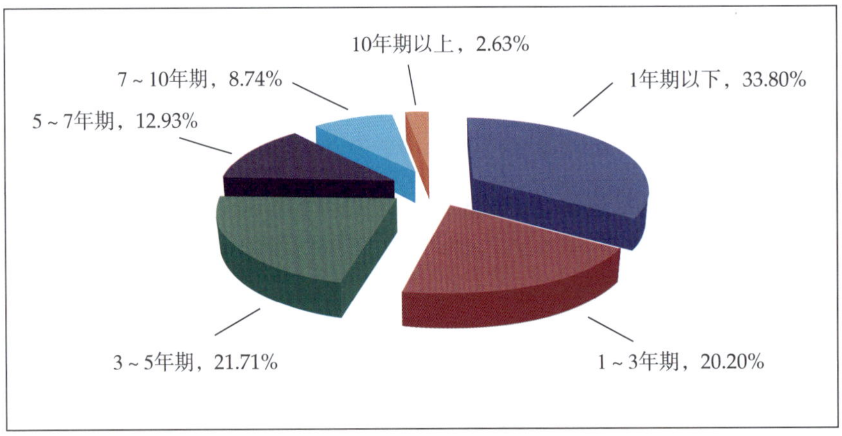

注：期限含上限，不含下限。
数据来源：中央国债登记结算有限责任公司，上海清算所。

图3-5 2014年银行间新发债券期限结构

（二）债券发行期限结构中长期品种占比增加

从银行间债券市场新发债券的期限结构来看，0～3年短期品种发行量占比达到54%，较上年下降2.85个百分点；3～10年中长期品种发行量占比为43.37%，较上年提高3.65个百分点；10年以上长期品种发行量占比为2.63%，较上年下降0.8个百分点。

（三）银行间市场现券年度换手率小幅下降

2014年，银行间市场债券的年度换手率达到107.83%，与上年同期相比下降9.69个百分点。其中，主要债券品种企业债与中期票据流动性排名靠前，年度换手率分别为268.66%和171.88 %；非银行类金融机构债、政策性银行债和资产支持证券与上年相比交易更为活跃，年度换手率分别增加113.82个、17.06个和0.78个百分点；其余各类券种换手率相较2013年均有不同程度的下降，降幅排前三位的分别为企业债券、央行票据和中期票据，其年度换手率分别下降404.37个、162.57个和152.23个百分点。

表3–1 银行间市场债券2014年和2013年换手率比较

单位：%

券种	2014年	2013年	与上年相比换手率增加
记账式国债	66.98	71.29	–4.31
地方政府债	9.15	26.79	–17.64
央行票据	29.53	192.1	–162.57
政策性银行债	163.48	146.42	17.06
政府支持机构债券	53.28	123.57	–70.29
商业银行普通金融债	8.47	22.72	–14.25
资本工具	5.71	26.67	–20.96
非银行类金融机构债券	131.64	17.82	113.82
企业债券	268.66	673.03	–404.37
资产支持证券	0.78	0	0.78
中期票据	171.88	324.10	–152.23
集合票据	138.31	174.4	–36.09
银行间市场债券平均换手率	107.83	117.5	–9.69

数据来源：中央国债登记结算有限责任公司，上海清算所。

（四）信用债券发行量大幅增长

2014年，全国银行间债券市场信用类债券①发行量达到5.66万亿元，同比大幅增长74.39%。其中，企业债累计发行6 961.98亿元，同比增长46.5%；短期融资券和超短期融资券累计发行21 517.53亿元，同比增长35.64%；中期票据累计发行9 468.4亿元，同比增长40.97%；商业银行普通金融债发行量834.00亿元，同比下降25.35%；非公开定向债务融资工具累计发行10 215.16亿元，同比增长80.22%；区域集优中小企业集合票据累计发行5.17亿元，同比下降91.55%；金融企业（证券公司，证券金融公司）短期融资券累计发行4 246.9亿元，同比增长41.76%；非金融企业资产支持票据累计发行89.2亿元，同比增长85.83%；非银行类金融机构债累计发行632亿元，同比增长815.94%。

（五）信用债发行利率显著下行

2014年以来，央行继续实施稳健的货币政策，运用了SLO、MLF等多种新型货币政策工具，并采用了定向降准、降息等政策，引导市场利率下行。2014年信用债一级市场发行利率呈现出快速下行的格局，AAA级、AA+级和AA级的5年期产业类中期票据的发行利率全年累计下行幅度分别达56个基点、100个基点、161个基点。从二级市场来看，全年5年期中债中短期票据AAA级、AA+级和AA

①信用类债券含企业债券、中期票据、短期融资券、超短期融资券、商业银行普通金融债、非银行金融机构债券、资产支持证券、集合票据、资本工具、非金融企业定向融资工具、区域集优中小企业集合票据、金融企业短期融资券、非金融企业资产支持票据、资产管理公司金融债、同业存单等。

表3-2 5年期产业类中期票据两季度平均发行利率比较

5年期产业类中期票据	2014年第一季度平均发行利息（%）	2014年第四季度平均发行利息（%）	变动幅度（BP）
AAA级	6.00	5.44	–56
AA+级	6.44	5.44	–100
AA级	7.72	6.11	–161

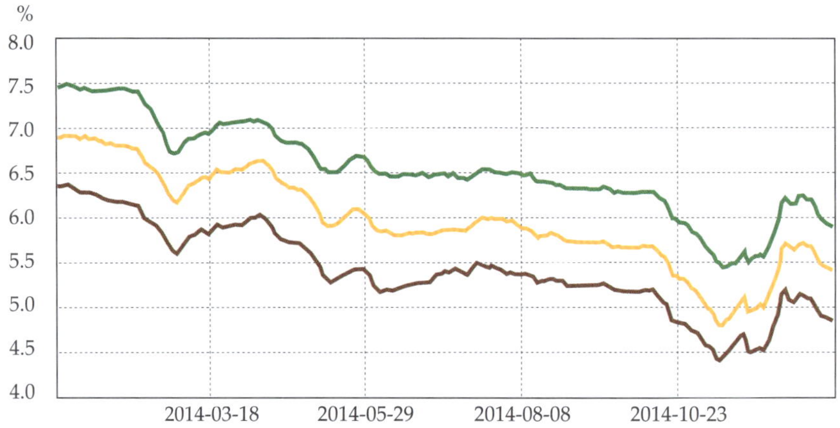

颜色	曲线名称	日期	收益率 (%)
	银行间中短期票据(AAA级)（到期）	2014.01.03	6.3396
	银行间中短期票据(AA+级)（到期）	2014.01.03	6.8796
	银行间中短期票据(AA级)（到期）	2014.01.03	7.4496

数据来源：中央国债登记结算有限责任公司。

图3-6 2014年银行间中短期票据不同信用等级收益率走势

级曲线下行幅度分别为150个基点、148个基点、157个基点。一、二级市场利率的下行显示出企业通过债券市场融资的成本下降，企业融资贵的问题得到了有效改善。

（六）收益率波动幅度有所提升

伴随着利率市场化进程的不断推进，债券价格的波动性有一定程度提高。从中债收益率曲线各关键期限看，2014年，10年期国债收益率的两日变动绝对值的均值为2.19个基点，较去年同期增长17%。10年期国开债收益率的波动性增长更加明显，今年前11个月其关键期限收益率两日变动绝对值的均值为3.27个基点，较去年同期的1.76个基点增长达85%。整体来看，在2014年债券市场“牛市”的背景下，长端的波动性要高于短端。利率类债券及信用类债券主要品种近两年收益率波动情况见表3-3。

（七）信用风险事件发生数量增加

自2014年3月7日，上海超日太阳能科技股份有限公司发布公告称无法按时全额支付2011年公司债券第二期利息，构成交易所债券市场的首单公募公司债券实质性违约事件

表3-3 中债利率债及信用债主要品种收益率曲线近两年关键期限日均变动（分券种）

国债	2013年（BP）	2014年（BP）	增长率（%）
1年期	2.21	2.87	29.86
3年期	2.35	2.34	-0.43
5年期	2.12	2.11	-0.47
7年期	2.01	2.18	8.46
10年期	1.87	2.19	17.11
国开债	2013年（BP）	2014年（BP）	增长率（%）
1年期	2.59	3.37	30.12
3年期	2.32	3.64	56.90
5年期	2.16	3.56	64.81
7年期	1.84	3.22	75.00
10年期	1.76	3.27	85.80
进出口行和农发行债	2013年（BP）	2014年（BP）	增长率（%）
1年期	2.31	3.08	33.33
3年期	2.19	3.15	43.84
5年期	2.08	3.11	49.52
7年期	1.77	2.87	62.15
10年期	1.52	2.78	82.89
中短期票据（AAA级）	2013年（BP）	2014年（BP）	变动比率（%）
1年期	3.02	2.8	-7.28
3年期	2.26	2.45	8.41
5年期	2.07	2.57	24.15
7年期	1.48	2.06	39.19
10年期	1.13	2.01	77.88

数据来源：中央国债登记结算有限责任公司。

以来，2014年全年债券市场信用风险事件发生频率有所提高，市场关注度不断上升，影响范围呈现扩散态势。从信用风险事件的主体特征上看，中小企业或有违约风险较大，民企风险高于国企，这两类企业较为集中的沿海经济发达地区更容易出现风险个案，产能过剩或强周期行业风险需高度警惕，缺少增信措施的企业或有违约概率较高。从市场影响来看，信用风险事件对银行间债券市场整体发行交易情况冲击不大，但引发了市场对中低信用等级非国有企业信用风险的再评估，中低信用等级与高等级产业债之间的利差有所扩大。2014年全年3～5年期中短期票据AA-级与AAA级之间的信用点差平均扩大了71个基点。

尽管信用风险事件的发生在短期内对市场风险偏好形成了冲击，但长期来看，出现信用风险事件有利于市场参与各方正视风险事实，抑制非理性行为，提高履职意识及合作理念，各司其职，各负其责，重视并加快构建债券市场违约处置机制，从而有利于债券市场的长远、健康发展。

（八）城投债信用利差缩窄

2014年公布的地方政府债务的审计报告表明中国地方政府债务可控，一定程度上缓解了市场对于城投债违约的担心。在全年产业债违约风险频现的同时，城投债没有出现信用事件。今年以来，中债城投债收益率曲线收益率下行幅度大于产业类债券。截至12月末，中债城投债收益率曲线（AA级）5年期累计下行达171个基点。从信用利差看，城投债高低信用等级之间信用利差略有缩窄，截至12月末，3~5年期城投债AA级与AAA级之间的信用点差平均缩小15个基点。

（九）高信用等级债券成为流动性管理新手段

近两年，人民银行积极运用创新型货币政策工具——常备借贷便利（SLF）和中期借贷便利工具(MLF)为符合宏观审慎要求的商业银行提供资金支持。这两项工具一般以抵押方式释放流动性资金，但需要商业银行提供国债、央行票据、政策性银行债等高信用等级债券或高评级信贷资产作为担保物。由此，高信用等级债券成为中央银行和商业银行流动性管理工具的重要抵押物。同时，这类债券因其流动性强、价值波动相对较小成为市场主要担保品，在回购、证券借贷中可以作为履约保证，也可以作为向中央对手方提供的清算备付金和保证金，既能有效覆盖风险敞口，防范风险，最大限度地起到降低现金占用、降低成本的作用，又有利于提高商业银行普通金融债流动性和资产的使用效率，满足《巴塞尔协议III》关于新增流动性的要求。

三、债券市场创新

（一）创新债券柜台业务

为贯彻落实党中央、国务院关于发展普惠金融的精神，拓宽融资渠道，中国人民银行于2014年3月发布公告〔2014〕第3号，增加商业银行柜台债券业务品种，由记账式国债扩大至政策性银行债券和中国铁路总公司等政府支持机构债券，同时取消商业银行承办记账式国债柜台交易审批的行政许可，人民银行对该事项的市场主体准入不设准入条件、不存在实质性约束。这次商业银行债券业务品种的增加是商业银行柜台自2002年开展记账式国债交易后首次引入新券种。公告指出，承办银行可以通过其营业网点、电子银行等渠道向投资者分销债券，与投资者进行债券买卖，并办理债券托管与结算。5月6日至8日，国家开发银行通过中国工商银行成功发行首只商业银行柜台金融债券，期限1年，工商银行为投资者提供双边报价做市服务，投资者可以通过中国工商银行营业网点、网上银行和手机银行在交易时段内进行买卖，交易资金实时清算。6月，中国进出口银行也通过中国工商银行面向个人和非金融机构发行了2年期固定利率附息债和1年期贴现债券。12月，国家开发银行又通过中国银行发行了首期中行柜台国开行债券。截至2014年末，国家开发银行和中国进出口银行已分别通过商业银行柜台分销债券67亿元和30亿元。

商业银行柜台金融债券具有投资门槛低、风险小、收益高、灵活性强等优点，为普通投资者合理的资产配置提供了更多选择。增加商业银行柜台债券业务品种，是落实党的十八届三中全会“规范发展债券市场”要求的重要举措，符合发展普惠金融的市场理念，不仅为社会公众投资金融债券开辟了新的渠道，也有助于提高市场流动性和社会资金使用效率，改善债券产品的投资者结构，进一步扩大债券市场发展空间，提升债券市场发展深度。

（二）开展项目收益票据等四类产品创新

2014年以来，银行间债券市场先后引入了碳收益票据、并购票据、定向可转票据和项目收益类票据等重要创新型债券品种，丰富了债券市场产品结构，为发行人和投资人提供了更多选择。

2014年5月，中广核风电有限公司在银行间市场成功发行首只与节能减排紧密相关的绿色债券——碳收益票据。其有效衔接了国内碳交易市场与资本市场，既推动了债务融资工具的多层次发展，也拓宽了碳交易市场的融资路径。

2014年6月，首只用于支付并购价款的债务融资工具——贵州开磷控股（集团）有限责任公司10亿元并购票据成功发行。该只并购票据是在前期募集资金偿还并购贷款基础上的创新突破，在支持并购类型、并购杠杆率、发行方式、信息披露、注册发行工作与并购流程衔接、并购失败处理方式等方面提出了相应的解决方案。截至2014年末，累计有9家企业发行9只并购票据，发行金额达156.38亿元。

2014年7月，银行间市场首只定向可转票据——杨凌本香农业产业集团有限公司2014年第一期定向可转票据成功发行。可转票据通过采用分层结构设计、合理设置转股条款等方式，既兼顾了不同类型投资者的风险收益偏好，又最大限度地满足了企业融资需求，降低企业融资成本。

2014年7月，国内首只项目收益票据——14郑州地坤PRN001正式发行。项目收益票据是一种以项目建设运营产生的经营性现金流作为主要还款来源，募集资金专项用于城镇化项目建设的债务融资工具。项目收益票据的创新推出体现了金融支持新型城镇化建设的重要作用，能够引导地方融资平台逐步剥离政府融资职能，是探索建立透明规范的城市建设投融资体制的有益尝试。

（三）启动地方债自发自还试点

自2011年底推出地方政府自行发债试点以来，为深入加强地方政府性债务管理，财政部继续研究制定地方政府债券自发自还改革方案，于2014年5月发布《2014年地方政府债券自发自还试点办法》（以下简称《办法》），决定在上海、浙江、广东、深圳、江苏、山东、北京、江西、宁夏、青岛十省市进行地方债自发自还试点。自发自还是指试点省市在国务院批准的发债规模限额内，自行组织本地区政府债券发行、支付利息和偿还本金的机制。为有效防控风险，《办法》中提出引入债券评级机制，并要求地方政府按规定披露债券基本情况、财政经济运行情况、地方债务情况等相关信息。《办法》正式公布后，广东省于6月23日发行首单自发自还地方债，随后其余试点省市的发行工作相继顺利推进。本轮试点共计发行自发自还地方政府债券1 092亿元，十省市债券债项评级均为AAA级，利率参考国债利率，招标发行。

地方政府债券自发自还试点的启动是探索建立规范的地方政府举债筹资机制的重要一步，对于缓解地方政府偿债压力、化解债务风险、提高地方财政透明度等都具有积极意义。在8月31日全国人大常委会表决通过修改后的《中华人民共和国预算法》后，地方政府债券将成为地方政府融资的主渠道，未来，地方政府债券自发自还以及地方政府债券市场规模有望逐步扩大，其市场化定价机制也将随之逐渐完善。

四、债券市场制度建设

（一）优化尝试做市商制度

2014年6月12日，经人民银行同意，全国银行间同业拆借中心发布《银行间债券市场尝试做市商业务规程》。尝试做市业务在为选拔做市商发挥积极作用的同时，也体现出机构数量较多、类型丰富、做市规模逐年上升等特点，已经成为做市商制度的重要组成部分。业务规程的发布进一步完善了银行间债券市场做市商制度，有利于更充分地发挥尝试做市商机构的积极作用。

（二）加强存续期小微企业金融债券募集资金运用管理

为支持商业银行发行金融债券专项用于小微企业贷款，中国人民银行于2013年12月31日发布《中国人民银行关于金融债券专项用于小微企业贷款后续监督管理有关事宜的通知》（银发〔2013〕318号），明确了发行前和存续期间对发行人、主承销商等机构在内控制度、报告报送等方面的要求，并提出了人民银行及其分支机构对商业银行发行金融债券用于小微企业贷款后续监督的内容。加强存续期小微企业金融债券募集资金运用管理，有利于确保相关债券募集资金全部用于小微企业贷款，进一步改善小微企业金融服务。

（三）拓宽消费金融公司融资渠道

2014年5月8日，中国人民银行、中国银行业监督管理委员会公告[2014]第8号发布，首次将消费金融公司作为新的金融债券发行主体引入银行间市场，同时降低了金融租赁公司、汽车金融公司申请金融债券发行的条件，鼓励符合条件的金融租赁公司、汽车金融公司、消费金融公司发行金融债券，并对报送文件、募集资金用途等作出了规定。这一举措将加大金融对消费的支持力度，有利于更好地服务实体经济。

（四）完善债券市场价格发现机制

2014年12月18日，中国人民银行发布《全国银行间债券市场债券预发行业务管理办法》（中国人民银行公告〔2014〕第29号），对预发行券种范围、交易和结算方式等作出要求，并提出了相应的风险控制措施。预发行交易的推出有利于提高债券发行定价的透明度和竞争性，完善债券收益率曲线，活跃二级市场交易。

（五）提高债券发行定价透明度

为提高债券发行定价透明度，倡导债券招标发行，2014年4月9日，中国人民银行发布《关于银行间债券市场招标发行债券有关事宜的通知》（银市场〔2014〕第16号），放宽了对发行人主体信用等级、发行规模和投标参与人数量的要求，并对发行人和中介机构在招标结束后需公开披露和上报人民银行的相关信息作出具体要求。这一政策调整了非金融企业使用招标系统发行债券的门槛要求，为鼓励非金融企业招标发行债券提供了制度支持。

（六）非金融机构合格投资人进入银行间债券市场

2014年1月26日，中国人民银行发布《关于商业银行理财产品进入银行间债券市场有关事项的通知》（银市场〔2014〕1号），围绕银行间债券市场规范工作对加强合格机构投资者准入管理的基本要求，对银行理财产品规范入市进行了规定。2014年10月17日，中国人民银行发布《关于非金融机构合格投资人进入银行间债券市场有关事项的通知》（银市场〔2014〕35号）,允许符合条件的非金融机构合格投资人通过非金融机构合格投资人交易平台进行债券投资交易。2014年11月28日，中国人民银行发布《关于做好部分合格机构投资者进入银行间债券市场有关工作的通知》（银市场〔2014〕43号），推动农村金融机构和信托产品、证券公司资产管理计划、基金管理公司及其子公司特定客户资产管理计划、保险资产管理公司资产管理产品四类非法人投资者规范进入银行间债券市场，并试行与做市商或尝试做市机构以双边报价和请求报价的方式达成现券交易。

（七）财政部发布统一的关键期限国债收益率曲线

2014年11月2日，财政部通过其网站首次发布中国关键期限国债收益率曲线。国债收益率曲线由中央结算公司编制及提供，主要内容包括1年期、3年期、5年期、7年期、10年期等关键期限国债及其收益率水平形成的图表。近十几年来，在人民银行、财政部和相关各方的共同努力下，我国国债市场取得了长足发展，国债收益率曲线的编制条件逐渐改善，技术趋于成熟。在利率市场化改革过程中，国债最重要的金融功能——金融市场基准的作用也已日益显现，人民银行通过调整基准利率、公开市场操作等手段，对国债收益率曲线的高度、曲度等进行调整，能够达到调控金融市场的宏观调控目的。作为一国本币资产的基础价格，国债收益率更是得到了国家层面的高度重视，党的十八届三中全会提出要“健全反映市场供求关系的国债收益率曲线”。此次财政部发布国债收益率曲线是对党的十八届三中全会要求的贯彻和落实，有利于进一步推进财政信息公开工作，对于提高国债管理政策透明度，发挥国债市场化利率的定价基准作用，健全国债收益率曲线，以及促进国债市场持续稳定健康发展具有重要意义。

（八）发展改革委规范企业债发行

2014年以来，发展改革委进一步加大企业债券发行管理力度，出台了多项规范措施。4月24日，为加强企业债券发行制度建设，进一步规范企业债券簿记建档和招标发行行为，保护参与各方的合法权益，发展改革委在与市场各方协商基础上制定并发布《企业债券簿记建档发行业务指引（暂行）》和《企业债券招标发行业务指引（暂行）》，并于2014年6月1日起执行。指引实施后，企业债的簿记建档或招标发行，将需移交中央国债登记结算公司。9月26日，发展改革委下发《关于全面加强企业债券风险防范的若干意见》（以下简称《意见》），提出通过严格规范发债准入、加强债券存续期监管、强化偿债保障以及规范和约束承销商、信用评级机构行为等措施，形成系统化的风险防范政策体系。10月15日，发展改革委又下发“企业债券审核新增注意事项”。这是根据《意见》制定的细则，提出了申请发企业债需要补充的资料和数据，进一步提高了企业债券发行的门槛，规范了企业债券发行行为。

（九）加强对基础设施和中介机构的评估

2014年，央行与证监会启动金融市场基础设施评估工作，决定以《金融市场基础设施原则》（以下简称《原则》）为标准监督管理国内金融市场基础设施，并联合组织开展相关评估。根据进程安排，央行和证监会先期开展了《原则》的解读、宣传导入工作，明确了评估对象和评估方法，在此基础上，成立联合专家评估组，有序开展了基础设施自评、交叉评估和监管部门外部评估等一系列扎实有效的评估工作，并为下一步国际组织专家评估提供了良好的基础。

2008年国际金融危机爆发后，国际社会对构建高效、透明、规范的金融市场基础设施十分重视并达成广泛共识。在吸取危机教训，吸收现有重要支付系统、证券结算系统等国家标准执行经验的基础上，国际支付结算体系委员会（现更名为支付及金融基础设施委员会）和国际证监会组织联合发布《原则》。我国是相关国际组织的成员国，此次评估是履行国际义务，对《原则》具体执行情况的落实工作进行系统回顾，更是为金融稳定营造扎实基础。此前，我国参与了国际组织的中国金融评估项目（FSAP），取得积极成果和良好评价，为展现中国金融基础设施建设成果和改进金融基础设施建设提供了标杆。

五、债券市场的对外开放

近年来，人民银行加快推动银行间债券市场对外开放，在有效防范风险的基础上，逐步扩大境内发债的境外主体范围，不断推动境外机构投资银行间债券市场，允许更多境内机构赴境外发行债券，并加强与国际组织、外国政府部门等各方沟通协调，有效增加了债券市场的深度、广度和对外开放程度。

（一）境外机构发债主体范围拓宽至非金融企业

全国银行间债券市场的对外开放程度不断提高，进一步放宽境外发债主体范围，从2005年起，我国就引入了国际开发机构在境内发行以人民币计价的“熊猫债券”——亚洲开发银行和国际金融公司各自发行了“熊猫债券”20亿元，2014年3月14日，戴姆勒股份公司首期5亿元定向工具通过银行间债券市场非金融企业债务融资工具集中簿记建档系统成功发行，境外发债主体由金融机构进一步拓展至非金融机构，丰富了发行人主体类型，有助于加强对外资的吸引力，促进外商直接投资。目前，中国（上海）自由贸易试验区内企业的境外母公司在境内银行间市场发行人民币债券也已经作为金融支持自贸区相关政策措施推出，境外发行主体进入我国金融市场的步伐将不断加快。

（二）境外投资者在中国债券市场更趋活跃

2014年，银行间债券市场的境外机构投资者数量大增，持债规模大幅扩大。自从2005年引入泛亚债券基金进入银行间债券市场以来，境外投资者数量就逐步上升，截至2014年末，银行间债券市场境外机构投资者获批数目已经达到211家，比2013年末增加73家，类型包括境外央行、国际金融机构、主权财富基金、港澳人民币清算行、境外参加行、境外保险机构、RQFII和QFII。截至2014年末，境外机构持有的各类银行间债券余额已达5 720亿元，比2013年末增加73.24%,占整个市场的比重已达1.77%,比2013年末增加0.58个百分点，随着境内债券市场对外开放的不断深化，对境外机构的审批速度将进一步加快，投资额度也会逐步提高，境外机构投资者持有我国债券的比例将不断提高。

（三）离岸人民币债券发行规模大幅增加

据路透统计，截至2014年末，离岸人民币债券发行规模为2 199.42亿元，比2013年发行额1 090.55亿元大幅增加一倍多，境内金融机构的海外分支机构是最主要的发债主体，地方城投平台、房地产企业也积极赴境外发行离岸人民币债券，发债模式也不断创新，7月，四川省政府投融资平台四川发展（控股）有限责任公司在香港发行了首只由银行提供跨境“备用授信”的人民币债券，工商银行四川分行为其提供备用授信作为增信方式，备用授信只能用来偿还该笔债权且不可撤销，为地方国有企业开拓了境外融资新方式。国务院总理李克强12月24日主持召开国务院常务会议，会议确定简化审批手续，便利“走出去”，取消境内企业、商业银行在境外发行人民币债券的地域限制，将进一步推动境内金融机构和非金融企业赴境外发行人民币债券，发债规模将稳步提高，市场空间进一步扩大。

离岸人民币债券在国际金融市场欢迎程度大幅上升。历年来仅中国香港、中国台湾、伦敦和新加坡四地有人民币债券发行，2014年，中国香港、中国台湾、伦敦、新加坡、法兰克福、卢森堡、悉尼、瑞士、巴黎、马来西亚、瑞典、美国、迪拜、洪都拉斯、菲律宾、韩国、巴林17个国家和地区的金融市场有人民币债券发行。部分人民币债券在多个市场同时挂牌上市，台湾烨辉海外子公司(Golden Developments Holdings)7月发行的3亿元人民币债券在中国台湾、新加坡两地同时挂牌交易，建银亚洲11月在中国香港、中国台湾和卢森堡三地同时发行33亿元人民币债券，并在三地交易所同时挂牌交易。随着人民币国际地位不断提高与稳固，发达国家政府机构也加入发债行列，境外人民币债券发行主体不断扩展，10月，英国政府在伦敦发行30亿元人民币国债，债券发行收入被纳入英国外汇储备，加拿大不列颠哥伦比亚（BC）省政府发债30亿元人民币债券，11月，澳大利亚新南威尔士州政府发行了10亿元人民币债券。离岸人民币债券种类也更趋丰富，国际金融公司6月在伦敦发行了5亿元首只以人民币计价的“绿色债券”。

（四）自律组织与中介机构加强对外交流与合作

2014年9月，交易商协会参加了第六次中英经济财金对话系列活动中的中英金融圆桌会，在此次对话的成果文件中，中英双方也就加强两国金融市场自律组织层面的合作达成共识。2014年8月，上海清算所与欧清银行集团签署合作意向书，以进一步加强沟通，探讨业务和技术方面的合作方式，9月，上海清算所与芝加哥商品交易所（CME）签署合作备忘录，希望通过与CME在产品开发、平台技术、员工交流等方面开展全方位合作，推动跨境人民币债券市场发展，扩大跨境人民币投资渠道，推进人民币国际化进程。10月，中央国债登记结算有限公司承办的第十八届亚太中央托管组织（ACG）年会，通过并发布了《西安倡议》，这是该组织自1997年成立以来首次发布倡议文件，《西安倡议》提出，所有ACG成员承诺相互畅通交流，以推动亚太证券市场的发展，中央托管机构等核心金融基础设施共同培育、建立稳健、高效、包容、系统的亚洲金融基础设施合作圈；发挥中央托管机构的规模经济优势，促进市场高效有序，发展跨境互联；坚持平等、互助、开放、共赢的原则，顺应市场多样性，广泛寻求境内外利益攸关方的参与。

六、债券市场的发展展望

2015年是全面深化改革的关键之年，也是经济新常态下，债券市场迈出崭新步伐的关键之年。为落实新常态下稳增长、调结构、促改革的要求，市场活力进一步释放，各项创新动力将不断增强，债券市场发展也将面临难得机遇。随着改革的深入推进，债券市场刚性兑付预期将逐步打破，债券市场将迎来新常态式的发展，市场进一步扩容、产品创新不断加快、信用风险进一步分化、市场波动加大，对完善制度和产品创新提出了新挑战。

（一）银行间债券市场发行规模持续增长

2014年中央经济工作会议要求继续实施积极的财政政策，在经济增速放缓、财政收入增幅下降的情况下，财政赤字占GDP的比重可能将有所上升，这意味着2015年新增国债发行规模将会扩大。同时，随着监管政策逐步放松，预计资产支持证券的新增发行规模将持续扩大，同时基础资产将从企业贷款逐步向个人抵押贷款、汽车贷款、信用卡应收款和基础设施收费等多元化方向转变。此外，理财等各类资产管理业务的兴起和债券市场进一步扩大对外开放，将从需求层面为债券市场带来更多的新增资金。

（二）银行间债券市场投资者群体进一步拓宽

投资者的合格性是市场规范发展的基础，投资者的多元化也有利于提高市场流动性。银行间债券市场始终坚持面向合格机构者，大力培育和拓宽合格机构投资者队伍。下一阶段，人民银行将继续研究推动符合条件的机构投资者进入银行间债券市场，稳步开展境外机构投资者投资银行间债券市场相关工作，进一步有序拓宽银行间债券市场投资者群体。

（三）银行间债券市场持续创新

创新是提高金融市场资源配置功能与效率的前提，是市场发展的原动力。自银行间市场成立以来，人民银行始终坚持市场化的改革方向，注重发挥市场主体的自主创新性，不断推动产品创新、交易工具创新和机制创新。下一阶段，人民银行将继续以市场需求为导向，进一步推动银行间债券市场各项创新工作，推动应急可转债、标准化债券远期交易、人民币利率期权等新产品的研发工作，研究推出债券回购净额清算业务及相关代理清算机制。

（四）银行间债券市场基础设施建设继续完善

完善的基础设施是银行间债券市场规范、创新和高效发展的基础和保障。过去几年，人民银行大力推进银行间债券市场的制度建设和规范管理，进一步简政放权并强化市场约束机制，促进银行间债券市场规范发展。下一阶段，人民银行将进一步完善市场发行、交易、清算、结算、托管等各项制度安排，研究推动市场参与者依法合规开展关联交易，修改交易流通规则、回购管理办法及人民币利率互换通知等制度性文件，探索通过业务整合等方式不断理顺体制机制，完善债券市场基础设施建设，推动债券市场健康规范发展。

（五）银行间债券市场对外开放程度进一步提升

近年来，银行间债券市场的对外开放工作有序推进，对外开放程度有所深化，境外机构进入银行间债券市场的主体范围不断扩展，境内机构赴境外发行债券的积极性不断提高。下一步，人民银行将统筹考虑人民币国际化、资本项目开放等相关工作，进一步放宽三类机构模式下的境外机构参与主体范围，研究境外主体参与银行间市场回购、同业拆借等各项业务，扩大境内机构境外发行人民币债券的主体类型和地域范围，引入更多境外机构在境内发行熊猫债券，继续提升债券市场对外开放程度。

专题一　境外非金融企业在银行间市场发行人民币债务融资工具

2014年3月14日，德国戴姆勒股份公司（DAIMLER AG）首期5亿元人民币定向工具通过银行间债券市场非金融企业债务融资工具集中簿记建档系统成功发行。境外非金融企业人民币债务融资工具产品成功发行，标志着银行间债券市场进一步对外开放。

一、创新背景和发行概况

改革开放以来，中国取得了举世瞩目的经济发展成就。包括我国债券市场在内的金融业，对外开放程度稳步提高。党的十八届三中全会提出了“扩大金融业对内对外开放”的战略任务。国务院在《2013年深化经济体制改革重点工作意见》中明确提出，“研究推动符合条件的境外机构在境内发行人民币债券”。交易商协会组织市场成员深入借鉴国际成熟市场制度规则和商业实践，以市场需求为导向，以具体产品为切入点，在现行非金融企业债务融资工具注册管理框架下组织实施，对推动银行间债券市场对外开放和持续创新进行了积极探索。

2013年12月26日，交易商协会接受德国戴姆勒股份公司50亿元人民币定向债务融资工具的注册。2013年12月30日，交易商协会负责人主持召开发文谈话，向发行人戴姆勒股份公司、主承销商中国银行发出接受注册通知书。2014年3月14日，戴姆勒股份公司首期5亿元定向工具通过银行间债券市场非金融企业债务融资工具集中簿记建档系统成功发行，发行期限1年，发行利率为5.2%。截至2014年末，境外非金融企业人民币债务融资工具累计发行20亿元。

二、境外非金融企业发行债务融资工具的意义

境外非金融企业人民币债务融资工具产品的发行，标志着我国债券市场开始建立起境外非金融企业境内融资的渠道，在银行间市场的发展历程中具有重要意义。

一是有助于促进我国银行间债券市场的进一步对外开放。境外机构在境内发行人民币债券，不仅能够促进贸易投资便利化，丰富我国银行间债券市场产品层级，满足境内外不同偏好机构投资者投资需求，而且将在市场制度规范、基础设施建设、中介机构发展以及市场监管体系建设等多方面，有利于我们学习、借鉴、引入国际经验，推动我国银行间市场制度规则与国际规则接轨，提高市场国际化水平和国际影响力。

二是有助于提高金融机构的竞争力，深化金融市场化改革。境外机构境内发行人民币债务融资工具，丰富了银行间市场参与主体的类型，拓展了境内外金融机构的业务领域，为金融机构改善业务结构、转变盈利模式提供了重要的市场基础，将进一步促进我国金融机构竞争力的提升，推动金融体制改革的进程。

三是有助于扩大人民币的跨境使用。人民币的流出和回流共同构成人民币资金跨境流动的基本循环。随着人民币跨境使用的有序推进，跨国企业境内外人民币使用需求不断增多，其拓宽人民币融资渠道的需求也不断加强。疏通境外非金融企业境内取得人民币资金的渠道，将极大方便境外企业获取人民币资金，增加境外企业利用人民币进行结算的动力；将有效提高境外人民币的市场流动性，促进跨境贸易人民币结算规模的逐步扩大。

四是有助于推动经济结构调整和转型升级。我国经济正处在结构调整和转型升级的关键时期。在当前宏观形势下引入境外企业在银行间市场发行人民币债务融资工具，推动金融市场的对外开放，能够更有效地利用国内和国外两个市场、两种资源，促进中国经济保持均衡、持续增长，支持经济结构调整和转型升级。

境外非金融企业人民币债务融资工具产品成功发行，标志着银行间债券市场的创新和对外开放进入新阶段。银行间债券市场对外开放程度的提高，将有利于促进我国债券市场和整个金融市场的发展，扩大境内债券市场资源配置的范畴，更好地为市场服务，也使得债券市场投资主体更加多元化，增强市场活跃度。

专题二 我国债务资本市场的十年改革与发展

一、我国债券市场发展的历史沿革

我国债券市场始于1981年国债的恢复发行，此后十余年间，由于制度性缺陷的存在，债券市场发展非常缓慢。20世纪90年代中期，一些地方证券交易中心还出现了一系列风险事件。

1997年之后，在充分总结和汲取国内外债券市场发展经验教训的基础上，国务院批准建立银行间债券市场，债券市场开始步入健康发展轨道。这一时期，国债、金融债市场发展相对较快，但公司信用类债券市场依旧滞后。2000年，我国各类债券发行4 415亿元，其中国债、金融债发行4 365亿元，占比接近99%。直到2003年，公司信用类债券发行规模仅为500多亿元，占比仅为债券发行总规模的3%[①]。

21世纪初期，当时的宏观经济运行客观上要求建立起一个有效的公司信用类债券市场，既满足实体企业多元化的融资需求，又为货币政策的有效实施创造条件。2004年，国务院发布《关于推进资本市场改革开放和稳定发展的若干意见》（国发〔2004〕3号），进一步提出要积极稳妥地发展债券市场，鼓励符合条件的企业通过发行公司债券筹集资金。按照国务院的统一要求，发展改革委、人民银行、证监会等相关部门按照市场化方向，大力减少不必要的行政管制、完善市场化发行管理机制、推动符合实体经济需求的金融创新，积极推动了公司信用类债券市场深入发展。至2013年，当年公司信用类债券发行规模达到36 759亿元，占债券发行总规模的比重为41.4%；2014年，公司信用类债券发行规模达到51 336亿元，占债券发行总规模的比重进一步提高至50.2%[②]。

二、债务资本市场十年实践取得的突出进展

2005年5月，为了落实国务院积极稳妥地发展债券市场的政策要求，人民银行依托银行间债券市场推出非金融企业短期融资券，在此基础上逐渐形成了中国债务资本市场。十年间，这一市场从无到有，从小到大，逐渐成为非金融企业融资的重要渠道，成为金融市场服务于实体经济的新手段。截至2014年底，各类债务融资工具累计发行规模达到15.3万亿元，余额达到70 560亿元。

一是产品序列逐步完善且层次丰富。在2005年短期融资券推出以后，中期票据、定向工具、超短期融资券、资产支持票据、项目收益票据等适合实体经济需求的创新产品相继推出。目前，债务资本市场已经形成了包含短中长不同期限、公开与非公开不同发行方式、面向境内和境外不同发行人、采用固定和浮动不同计息方式、适用于不同资金用途的产品序列，与成熟债券市场产品序列已基本接近。

二是发行人队伍得到极大程度的扩

① 《中国金融市场发展报告2013》。
② 非金融企业债务融资工具统计月报数据，下同。

展。债务资本市场多层次的产品序列丰富了发行人的融资选择，各类发行人利用债券市场融资的便利度和积极性显著提升。2005年，当年利用债务融资的企业数量为58家，2013年达到1 233家，2014年进一步增至1 469家。目前，债务资本市场上的发行人几乎涉及国民经济所有行业。

三是投资人结构实现了明显优化。在债务资本市场发展初期，由于投资人类型不够丰富，主要为银行持有。2006年底，商业银行持有短期融资券的比重为58.9%。但近年来，在各方推动下，债务资本市场投资人类型日渐丰富，银行持有债务融资工具的比重降至40%左右，另外约60%被基金、保险、企业年金等各类机构投资人持有。而且，这种分散持有的趋势仍在持续发展。以各类金融机构实际可供运用资产来衡量，债务资本市场的投资人结构已经领先于我国金融体系的优化进程。

三、债务资本市场发展对实体经济的影响

经过十年发展，债务资本市场已成为完善我国金融市场体系的重要一环，在满足实体企业融资需求、推进经济结构调整升级、优化社会融资结构等方面发挥着越来越显著的作用。

第一，明显拓宽企业融资渠道，缓解实体经济融资难。债务融资工具融资在社会融资规模中的比重由2005年的4.6%提高至2014年的10.1%，也即目前超过十分之一的实体融资需求由债务资本市场满足。与传统的信贷渠道相比，2005年，债务融资工具融资仅为新增人民币贷款的5.9%、非金融性公司新增人民币贷款的6.8%，2014年，二者已分别提高至17.0%和25.7%，债务资本市场已成为除人民币贷款之外实体企业获得资金的第二大渠道。

第二，显著降低企业综合融资成本，切实缓解企业融资贵。由于定价更加市场化，债券融资是目前企业可获得融资方式里成本最低的。粗略估算，相同信用等级的企业，发债成本比获得基准利率贷款要低1～1.5个百分点。截至2014年底，债务资本市场余额已突破7万亿元，这意味着每年为实体经济至少节约700亿～1 000亿元财务成本。这是债务资本市场对实体企业最直接、很有效的支持。

第三，减少银行金融机构的资本占用，进而减轻股票市场“IPO堰塞湖”压力。目前，债务资本市场提供的融资规模已接近新增人民币贷款的20%，相应减少了商业银行的信贷投放规模和银行资本占用。在《巴塞尔协议Ⅲ》进一步强化资本监管要求、国内银行贷款受到资本约束增强的背景下，债务资本市场的发展，降低了商业银行利用股票市场补充资本的需求，显著缓解了股票市场的融资压力，同时为其他实体企业股本融资打开了空间。

第四，推动商业银行腾挪信贷空间，释放更多金融资源服务中小微企业。由于融资效率更高、成本更为节省，债券融资在大型企业总融资中所占比重逐步上升，特别是中央企业占比已接近30%。大型企业利用债务融资工具市场融资后，相应地减少了对信贷资源的占用，腾挪出的信贷资源提高了中小企业的融资可得性。目前，平均每家发债企业债券余额35.1亿元。按照银监会单户500万元（含）以下贷款视为小微企业贷款的口径核算，债务资本市场每支持一家企业发行债券，理论上可以支持约700家小微企业通过信贷市场融资，这对缓解中小企业和小微企业的融资困境有显著效果。

四、债务资本市场发展对金融市场运行机制的影响

在不断加大服务实体经济力度的同时，债务资本市场十年的发展实践也在市场发展理念、政府债务治理、信用风险管理等方面对金融市场运行机制产生了积极影响，并在一些领域带来了深刻变革。

一是坚持注册制发展理念，持续贯彻落实中央简政放权的改革要求。从2008年人民银行授权交易商协会对债务资本市场实施自律管理以来，债务融资工具发行管理引入了注册制，这是我国证券发行机制的重大突破。债务资本市场深入推进注册制实践，为企业融资提供便利。市场近年来的快速发展进一步印证了注册制的优势所在，正是依靠注册制带来的制度红利，我国公司信用类债券市场短时间内由亚洲中游上升到世界第二。而且，债务融资工具注册制的引入带来了制度外溢效应，推动了2008年企业债的核准制改革，也带动了公司债发行管理效率提升。

二是不断完善信息披露制度，强化企业微观约束，为科学治理地方政府性债务及发展市政债券、项目收益债券积累宝贵经验。在债务资本市场发展过程中，始终强调信息披露是注册制的核心，建立了层次清晰、严格规范、运作透明的信息披露体系。在信息披露机制约束下，发行人合理发债，预算软约束问题有所改善。债务资本市场关于信息披露的良好实践，能够为规范地方政府性债务融资提供经验借鉴和思路选择。

三是建立健全市场化风险分担机制，有助于有序打破“刚性兑付”预期，防范区域性和系统性金融风险。在过去十年的实践中，债务资本市场通过不断丰富合格投资人类型、持续推进投资人风险教育、创新推出信用风险缓释工具、推动建立信用增进载体等，逐渐建立起了债券从“出生”到“兑付”的全流程市场化风险防范与处置机制。让政府从原来的审批制和核准制下对发行人的实质性判断中摆脱出来，把风险识别和风险承担交给投资者，把风险提示交给中介机构，防止政府隐性担保而滋生的道德风险。从对个别风险事件的处理来看，这一市场化风险分担机制正在发挥积极作用，这对于防范区域性和系统性风险具有积极作用。

四是不断提高债券市场对外开放水平，从国际债先试先行中探索金融市场对外开放的有效方法。推动资本市场双向开放是党的十八届三中全会作出的重要部署，近年来，债务资本市场在服务于这一国家战略方面持续探索并取得积极进展。2014年3月，首家境外非金融企业在银行间债券市场成功发行人民币债务融资工具，债务资本市场建立起境外非金融企业境内融资的渠道，这是我国债券市场对外开放的重要突破，也对扩大人民币跨境使用和人民币国际化具有促进作用。债务资本市场已成为我国金融市场对外开放的试验田。

五、债务资本市场发展实践对市场监管架构带来的启示

如何对金融市场实施监管？如何实现有效监管与持续发展之间的平衡？世界各国都在不断探索。从各国监管的实际情况来看，有的实行单一监管，有的实行目标监管，有的二者兼顾，并无“统一范式”。各国在金融市场监管探索与实践的过程中形成的一个共识是，监管体制对不对、合不合适，主要看是否符合本国金融市场发展和系统风险防范要求。

经过不断探索，我国对场外债券市场的监管，目前已大体建立了四个层次的体系：第一层是市场平台机构的一线监测，包括交易系统、结算托管系统、资金清算系统的每日实时监测和异常交易报告制度；第二层是自律组织的自律管理，这是去行政化改革的措施，也是成熟市场的经验，避免过多行政监管消耗公共资源；第三层是证券执法机构的全面执法，对证券欺诈、内幕交易行为，运用公权力给予惩罚，维护市场基本秩序；第四层是中央银行作为系统风险的最后承担者，防范金融市场的系统风险，包括制定市场标准、管控系统重要性机构等。四个层次有效关联、互为依托，共同推动了我国债务资本市场十年来的跨越式发展和低风险运行。

2005年以来，债务资本市场快速发展的现实以及由此带来的对实体经济发展和市场运行机制的积极影响，充分说明我国现行的债务资本市场监管架构是顺应市场发展规律并与我国基本国情和市场发展阶段相符的。在进一步完善我国债券市场管理体制过程中，应该充分吸收债务资本市场十年探索得来的行之有效的做法，坚持分层次、立体化的基本监管架构，处理好各层次监管的职能边界，形成适合我国国情的市场监管安排。

第四章　股票市场

2014年，中国股票市场融资规模明显扩大，首次公开发行（IPO）重启，增发再融资仍为主要方式。上证综指、深圳成指先抑后扬，创业板指数高位震荡，股票市值增长显著。机构账户数量持续增加，股票市场成交活跃，融资融券余额大幅增长。多层次资本市场体系建设持续推进，基础制度改革、市场创新取得新进展，对外开放迈出新步伐。

一、股票市场的运行情况

（一）股票发行与融资情况

2014年，中国股票市场融资规模明显增加。全年共发生616例股票融资，募集资金4 856.43亿元，同比增长73.27%。随着首次公开发行重启，首发融资恢复，但总体金额较小，增发仍为主要融资方式。全年共实现125例IPO，完成478例增发和13例配股，分别募集资金668.89亿元、4 049.56亿元、137.98亿元，占股票融资总额的13.77%、83.39%、2.84%。其中，增发事件数同比增长71.94%，通过公开增发和定向增发（现金）方式募集资金额同比增长74.02%。

（二）股票指数与交易情况

1. 股票市值显著增长，股本流通率略有下降

截至2014年底，沪、深两市共有上市公司2 613家，比上年末增加124家，上市股票2 696只，比上年末增加122只，其中A股2 592只、B股104只。两市股票总市值37.25

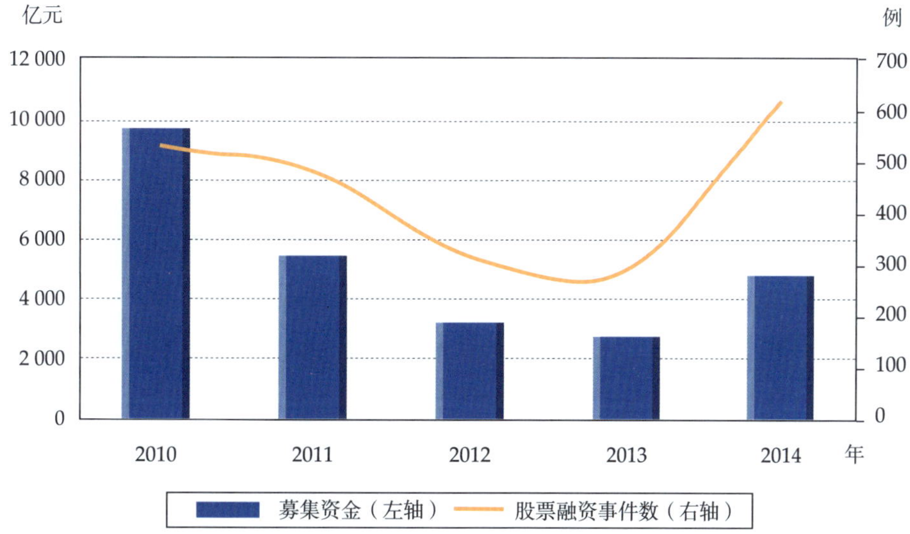

数据来源：中国证监会，Wind资讯。

图4-1　2010～2014年股票市场融资情况

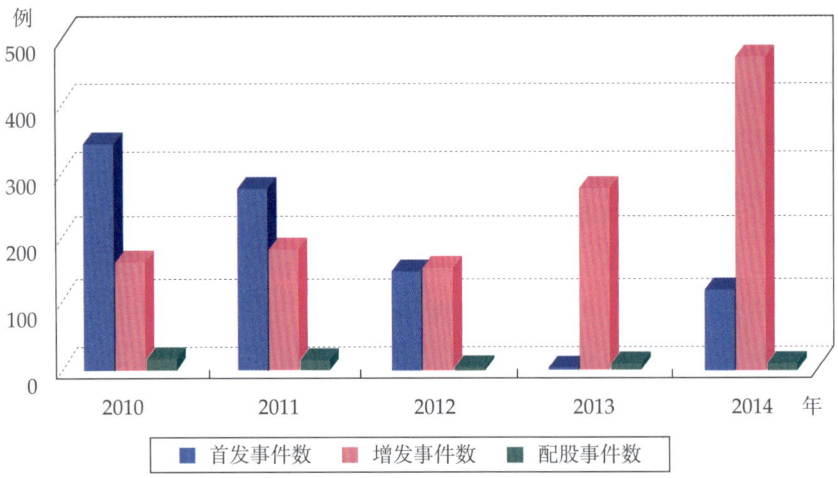

数据来源：Wind资讯。

图4-2　2010～2014年股票市场融资类型

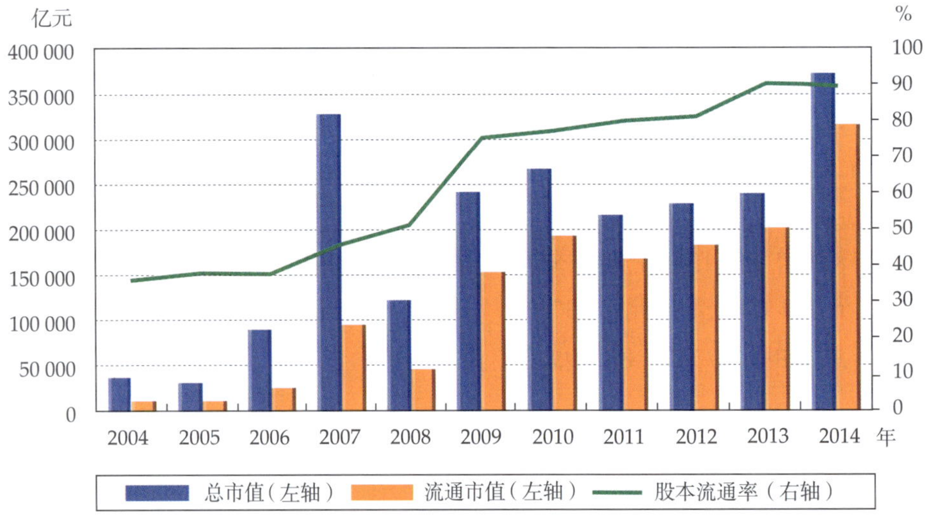

数据来源：中国证监会。

图4-3　2004～2014年股票市值增长情况

万亿元，比上年末增加13.35万亿元，增长55.83%；股票流通市值31.56万亿元，比上年末增加11.60万亿元，增长58.14%。市场总股本4.36万亿股，比上年末增长7.50%；流通股本3.91万亿股，比上年末增长6.42%，占全部股本的89.67%，股本流通率较上年末略有下降。

2. 上证综指、深圳成指年末大幅上扬，创业板指数高位震荡

2014年上半年，沪深主板指数走势相对平稳，第三季度以后尤其是年末大幅上扬，而创业板指数高位震荡。2014年12月31日，上证综合指数和深证成份指数分别收于3 234.68点和11 014.62点，比上年末分别上

数据来源：Wind资讯。

图4-4 2014年上证综指与深证成指走势

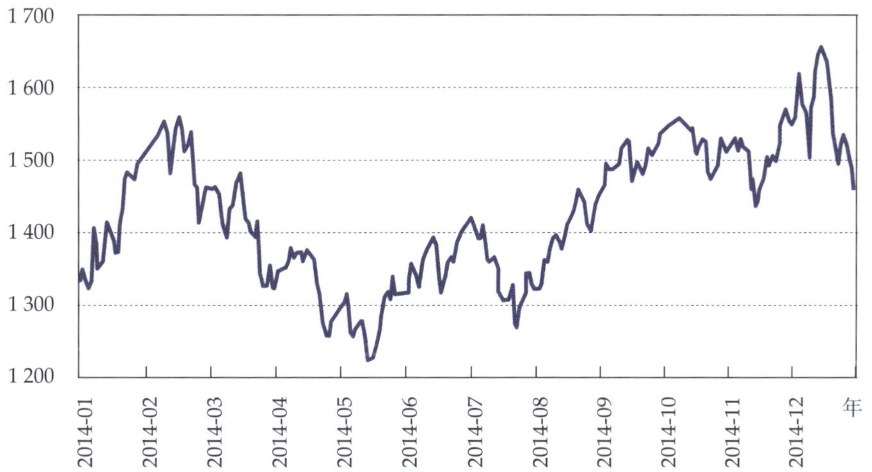

数据来源：Wind资讯。

图4-5 2014年创业板指数走势

涨1 118.70点和2 892.84点，涨幅为52.87%和35.62%；创业板指数收于1 471.76点，比上年末上涨167.32点，涨幅为12.83%。沪市加权平均市盈率从上年末的10.99倍上升至15.99倍，增幅为45.50%；深市加权平均市盈率从上年末的27.76倍上升至34.05倍，增幅为22.66%。

3. 股票成交数量和成交金额均显著增加

2014年，沪、深股市股票累计成交数量为73 754.61亿股，同比增长52.47%，日均成交301.04亿股，同比增长48.11%；累计成交金额为74.39万亿元，同比增长58.72%，日均成交3 036.3亿元，同比增长54.17%。其中，沪深主板市场累计成交金额为51.37万亿元，

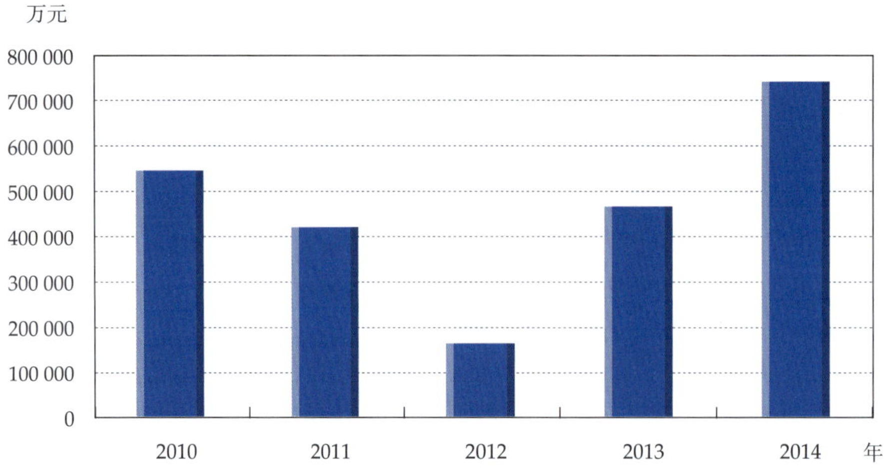

数据来源：中国证监会、Wind资讯。

图4-6　2010～2014年股票市场成交情况

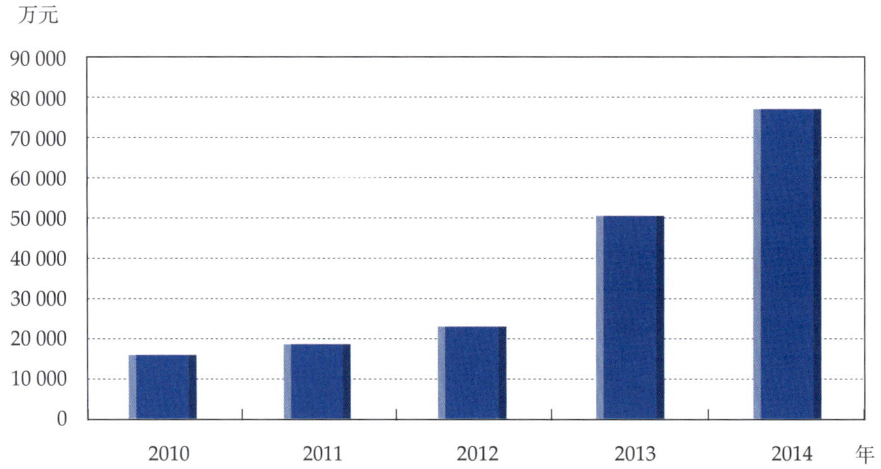

数据来源：深圳证券交易所、Wind资讯。

图4-7　2010～2014年创业板市场成交情况

同比增长61.89%；中小企业板累计成交金额为15.22万亿元，同比增长51.83%；创业板累计成交金额为7.8万亿元，同比增长52.48%。

二、股票市场的运行特点

（一）股票发行数量显著增加，创业板融资占比提高

2014年，各类公司通过股票市场共发行股份1 251.97亿股，同比增长104.3%，其中，首发股数70.1亿股、增发股数1 156.87亿股、配股股数25亿股，共募集资金4 856.43亿元，同比增长73.27%。其中，通过创业板市场融资金额为500.08亿元，同比增长535.26%，占沪深股市股票融资总额的10.30%，融资事件数148例，同比增长543.48%，占沪深股市融资事件总数的24.03%，市场占比明显提高。

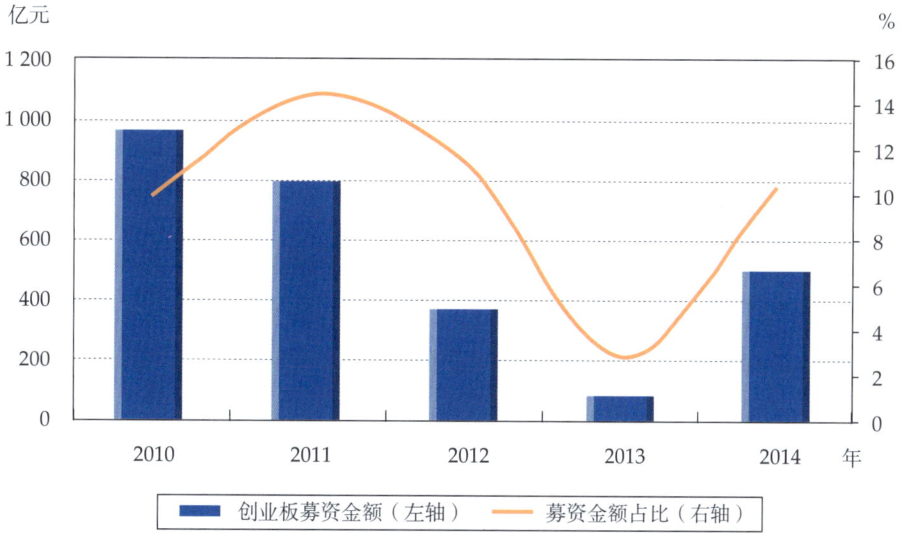

数据来源：深圳证券交易所、Wind资讯。

图4-8　2010~2014年创业板市场融资情况

（二）股票成交明显活跃，金融服务业交易高居首位

2014年，股票市场交易明显活跃，股票累计成交金额达到74.39万亿元，其中12月份出现单日成交量过万亿元的情况，均创下历史新高。金融服务业仍然是交易最为活跃的行业，特别是第四季度以来，商业银行、证券公司股票成交额大幅增加，推动行业成交额占总成交额的比例达到13.35%，高居首位。机械设备业成交额占总成交额的比例由

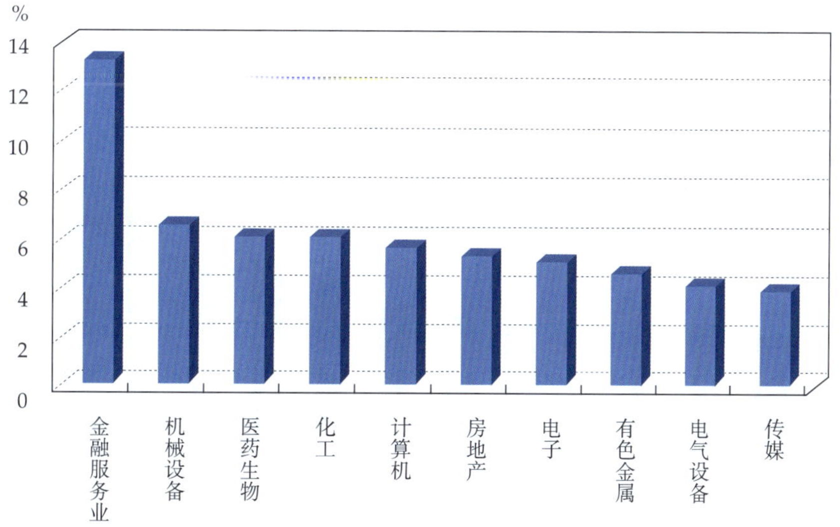

注：1. 表中的行业分类为申万行业分类标准中的一级行业分类。
2. 2014年申万一级行业划分有所调整，将非银金融业和银行业合并统计为金融服务业。

数据来源：Wind资讯。

图4-9　2014年成交额占总成交额的比重前十大行业

2013年的9.24%下降为6.57%，排在第二位。医药生物业、化工业、计算机业、房地产业、电子业、有色金属业、电气设备业、传媒业等行业股票交易也比较活跃。

（三）机构账户数量持续增长，融资融券余额大幅增加

2014年，股票市场机构投资者队伍进一步扩大。截至2014年底，沪深两市A、B

表4-1　各类投资者A股账户数量

单位：户，%

	2014年12月	2013年12月	变化率
自然人	180 756 405	171 978 413	5.10
券商	88 516	93 425	−5.25
基金	14 530	6 948	109.12
其他机构	26 952	21 860	23.29
其中：社保基金	254	230	10.43
企业年金	6 184	5 598	10.47
QFII	826	612	34.97
RQFII	563	156	260.90
保险	1 955	1 564	25.00
信托	17 170	13 700	25.33
一般机构	569 792	533 107	6.88
合计	181 456 195	172 633 753	5.11

数据来源：中国证券登记结算有限责任公司。

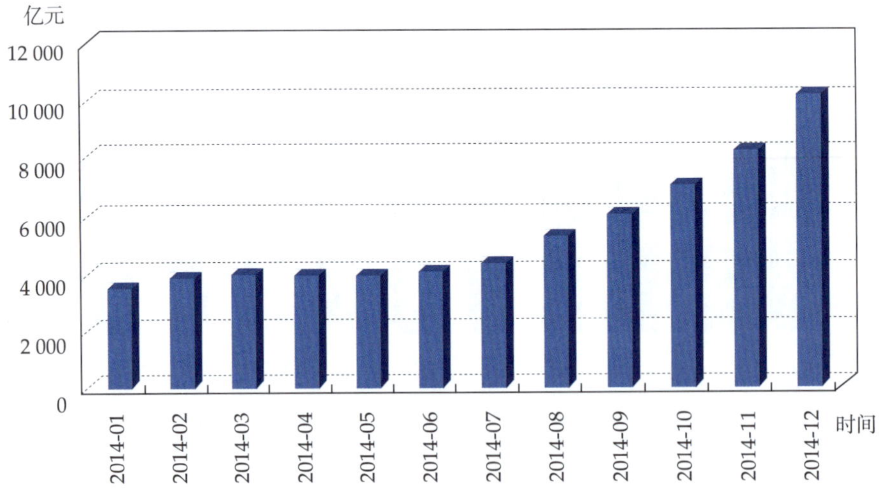

数据来源：中国证券金融股份有限公司。

图4-10　2014年月度融资融券余额

股开户数量达到1.83亿户，较2013年底增长4.57%。其中，A股账户数为1.815亿户，包括1.807亿自然人账户、8.85万券商账户、1.45万基金账户、2.70万其他机构（含社保基金、企业年金、QFII、RQFII、保险、信托）账户，以及56.98万一般机构账户。与2013年底相比，除券商之外，基金、社保基金、企业年金、QFII、RQFII、保险、信托等机构投资者账户数量都有所增加，其中RQFII和基金增幅最大，同比分别增长260.90%和109.12%。

2014年，融资融券业务大幅增长，股票市场交易结构进一步优化。尤其是2014年下半年以来，A股市场上涨明显，融资融券余额呈现快速增长态势，由2013年底的3 465.47亿元大幅增加到2014年底的1.03万亿元，增幅达到195.89%。

三、股票市场制度和基础设施建设

（一）推进多层次资本市场体系建设

1. 顶层制度建设取得新进展

2014年5月9日，国务院印发《关于进一步促进资本市场健康发展的若干意见》（国发〔2014〕17号），以处理好市场与政府、创新发展与防范风险、风险自担与投资者保护、积极推进与稳步实施的关系为基本原则，从发展多层次股票市场、规范发展债券市场、培育私募市场、推进期货市场建设、提高证券期货服务业竞争力、扩大资本市场开放、防范和化解金融风险以及营造资本市场良好发展环境九个方面，指明了资本市场下一步发展的方向，有利于加快完善现代市场体系、拓宽企业和居民投融资渠道、优化资源配置和促进经济转型升级。其中，在发展多层次股票市场一节中，提出要积极稳妥地推进股票发行注册制改革、加快多层次股权市场建设、提高上市公司质量、鼓励市场化兼并重组和完善退出制度五条意见。

2. 创业板市场改革稳步推进

2014年5月14日，中国证监会发布修订后的《首次公开发行股票并在创业板上市管理办法》和新制定的《创业板上市公司证券发行管理暂行办法》。其中，创业板首发办法主要修订了以下方面：一是适当放宽财务准入指标，取消持续增长要求；二是简化其他发行条件，强化信息披露约束；三是全面落实保护中小投资者合法权益和新股发行体制改革意见的要求。另外，还废止了《关于进一步做好创业板推荐工作的指引》（证监会公告〔2014〕8号），拓展市场服务覆盖面，创业板申报企业不再限于九大行业。创业板再融资办法主要内容包括：一是设置简明统一的发行条件，强化对再融资的约束机制；二是推出“小额快速”定向增发机制，允许“不保荐不承销”，自受理之日起15个工作日内作出核准或者不予核准决定；三是支持上市公司在特定范围自行销售非公开发行的股票，降低融资成本；四是加大董事会的自我约束功能，强化管理层再融资的责任意识。修订创业板首发办法、制定创业板再融资办法是全面推进创业板市场改革的重要举措，进一步明确了创业板支持成长型、创新型中小企业的市场定位，有利于推动多层次资本市场体系建设。

3. 股转系统、区域股权、柜台市场建设有序推动

2014年，全国中小企业股份转让系统挂牌步入常态化，挂牌公司数量从年初的347家扩大到1 579家。6月5日，《全国中小企业股份转让系统做市商做市业务管理规定（试行）》发布，明确了证券公司申请开展做市业务的五项条件。8月25日，做市商系统正式上线，挂牌公司可选择协议转让、竞价转让或做市转让方式之一进行转让。做市商制度的引入增强了板块的活跃度，有助于实现市场的价格发现功能并提升交易价格的稳定性。

2014年，区域性股权市场继续呈现快速发展的态势。据不完全统计，全国正式开业的区域性股权市场约为20家，累计挂牌企业数量超过15 000家，较2013年增加9 000余家，相当于场内上市公司数量总和的5倍。其中，前海股权交易中心、上海股权托管交易中心和浙江股权交易中心是最活跃的区域性股权市场，截至2014年末，挂牌公司数量分别为4 378家、3 105家和1 586家。从挂牌公司的行业分布看，银行、多元金融、食品饮料与烟草等占比较高。

证券公司柜台市场建设进展顺利，柜台市场系统上线运营，投资者适当性管理工作有序开展。2014年8月15日，中国证券业协会发布《证券公司柜台市场管理办法（试行）》和《机构间私募产品报价与服务系统管理办法（试行）》，从私募产品发行、销售与转让、登记托管与结算、信息披露、自律管理等方面对证券公司柜台市场业务作了进一步规范，对于再造证券公司基础功能、建设现代化投行具有重要意义。

（二）深化基础制度市场化改革

1. 退市制度进一步完善

2014年10月15日，中国证监会发布《关于改革完善并严格实施上市公司退市制度的若干意见》，沪、深交易所随即发布多项细则落实新政。该意见主要从以下五个方面改革完善了退市制度：一是健全上市公司主动退市制度；二是明确实施重大违法公司强制退市制度；三是严格执行市场交易类、财务类强制退市指标；四是完善与退市相关的配套制度安排，要求证券交易所对强制退市公司股票设置"退市整理期"，统一安排强制退市公司股票在全国股份转让系统设立的专门层次挂牌交易；五是加强退市公司投资者合法权益保护。退市制度的进一步改革完善和严格实施，对于进一步健全完善资本市场基础功能，实现上市公司退市的市场化、法治化和常态化具有重要意义，有利于实现优胜劣汰，提高市场有效性；有利于上市公司主动确定和实施发展战略，提升公司质量，增强市场竞争力和活力；有利于培育理性投资的股权文化，保护投资者的合法权益。

2. 并购重组放松管制

2014年10月23日，中国证监会发布修订后的《上市公司重大资产重组管理办法》和《关于修改〈上市公司收购管理办法〉的决定》，以"放松管制、加强监管"为理念，进一步减少和简化并购重组行政许可，在强化信息披露、加强事中事后监管、督促中介机构归位尽责、保护投资者权益等方面作出配套安排。主要包括以下内容：一是取消对不构成借壳上市的上市公司重大购买、出售、置换资产行为的审批；取消要约收购事前审批及两项要约收购豁免情形的审批。二是完善发行股份购买资产的市场化定价机制，对发行股份的定价增加了定价弹性和调价机制规定。三是完善借壳上市的定义，明确对借壳上市执行与IPO审核等同的要求，明确创业板上市公司不允许借壳上市。四是进一步丰富并购重组支付工具，为上市公司发行优先股、定向发行可转换债券、定向权证作为并购重组支付方式预留制度空间。五是取消向非关联第三方发行股份购买资产的门槛限制和盈利预测补偿强制性规定要求，尊重市场化博弈。六是丰富要约收购履约保证制度，降低要约收购成本，强化财务顾问责任。七是明确分道制审核，加强事中、事后监管，督促有关主体归位尽责。本次修订有利于进一步促进上市公司并购重组活动，有利于上市公司增强竞争力、提升公司价值，有利于优化市场资源配置、服务实体经济发展。

（三）推动资本市场创新发展

1. 优先股试点丰富证券品种

2014年3月21日，中国证监会发布《优先股试点管理办法》。该办法的主要内容包括以下方面：一是上市公司可以发行优先股，非上市公众公司可以非公开发行优先股。二是三类上市公司可以公开发行优先股。三是上市公司发行优先股，可以申请一次核准，分次发行。四是公司非公开发行优先股仅向该办法规定的合格投资者发行，每次发行对象不得超过二百人，且相同条款优先股的发行对象累计不得超过二百人。五是优先股交易或转让环节的投资者适当性标准应当与发行环节保持一致；非公开发行的相同条款优先股经交易或转让后，投资者不得超过二百人。4月3日，中国银监会、中国证监会联合发布《关于商业银行发行优先股补充一级资本的指导意见》（银监发〔2014〕12号），明确了商业银行补充发行优先股补充一级资本的监管要求和路线图。沪、深交易所随后发布《上海证券交易所优先股业务试点管理办法》和《深圳证券交易所优先股试点业务实施细则》，中国证券登记结算公司发布《优先股试点登记结算业务实施细则》。开展优先股试点，有利于加快发展直接融资，支持企业兼并重组，丰富证券品种，为投资者提供多元化投资渠道。截至年末，A股上市公司共有18家公布境内优先股发行预案，总规模达4 574亿元。其中，上市银行11家，基建公司4家，能源、药业、制造业各1家。

2. 多措施推进证券经营机构创新

2014年5月13日，中国证监会印发《关于进一步推进证券经营机构创新发展的意见》（证监发〔2014〕37号》），明确了今后一段时期推进证券经营机构创新发展的总体原则、主要任务和具体措施。该意见从三个方面共十五条明确了推进证券经营机构创新发展的主要任务和具体措施：一是建设现代投资银行。支持证券经营机构提高综合金融服务能力，完善基础功能，拓宽融资渠道，发展跨境业务，提升合规风控水平，促进形成具有国际竞争力、品牌影响力和系统重要性的现代投资银行。二是支持业务产品创新。推动资产管理业务发展，支持开展固定收益、外汇和大宗商品业务，支持融资类业务创新，稳妥开展衍生产品业务，发展柜台业务，支持自主创设私募产品。三是推进监管转型。转变监管方式，深化审批改革，放宽行业准入，实施业务牌照管理。

3. 新办法推动私募基金行业发展

2014年8月21日，中国证监会发布《私募投资基金监督管理暂行办法》，以更好地促进私募基金发展，发挥其促进多层次资本市场平稳运行、优化资源配置和推进经济结构战略性调整等方面的重要作用。该办法主要明确了以下五项制度安排：一是明确了全口径登记备案制度。要求各类私募基金管理人均应向中国证券投资基金业协会申请登记，各类私募基金募集完毕，均应向中国证券投资基金业协会办理备案手续。二是确立了合格投资者制度。从资产规模或收入水平、风险识别能力和风险承担能力、单笔最低认购金额三个方面规定了适度的合格投资者标准。三是明确了私募基金的募资规则。四是提出了规范投资运作行为的有关规则。五是确立了对不同类别私募基金进行差异化行业自律和监管的制度安排。要求私募基金在中国证券投资基金业协会办理备案手续时，应当明确主要投资方向及根据主要投资方向注明的基金类别,要求“同一私募基金管理人管理不同类别私募基金的，应当坚持专业化管理原则”。截至2014年末，已完成登记的私募基金管理机构4 856家，管理私募基金6 787只，管理规模19 597.9亿元，私募基金行业从业人员85 504人。其中：私募证券投资基金3 163只，规模3 882.2亿元；私募股权投资基金2 544只，规模12 046.9亿元；创业投资基金665只，规模1 440.7亿元；其他类型基金451只，规模2 228.1亿元。

（四）扩大资本市场对外开放

1. 沪港通试点稳妥推出

2014年4月10日，内地和香港证券监管部门发布《联合公告》，原则批准开展沪港股票市场交易互联互通机制（简称沪港通）试点。上交所和港交所将允许两地投资者通过当地证券公司（或经纪商）买卖规定范围内的对方交易所上市的股票。6月13日，中国证监会发布《沪港股票市场交易互联互通机制试点若干规定》，对境内证券公司开展沪港通业务提出原则性要求，明确了沪港通的业务范围、外资持股比例、清算交收方式、交收货币等相关事项，对投资者保护、监督管理、资料保存等内容提出了相关要求。9月26日，上海证券交易所发布《上海证券交易所沪港通试点办法》，明晰了沪港通交易业务的基本模式和相关要求等。11月4日，中国人民银行、中国证监会联合发布《关于沪港股票市场交易互联互通机制试点有关问题的通知》（银发〔2014〕336号），规范了相关资金流动管理，为沪港通业务试点打下了基础。11月10日，内地和香港证券监管部门再次发布《联合公告》，正式批准启动沪港通试点。11月17日，沪港通试点开通仪式在上海、香港同时举行。沪港通是我国资本市场对外开放的重要内容，有利于加强两地资本市场联系，推动资本市场双向开放，具有多方面的积极意义：一是有利于通过一项全新的合作机制增强我国资本市场的综合实力；二是有利于巩固上海和香港两个金融中心的地位；三是有利于推动人民币国际化，支持香港发展成为离岸人民币业务中心。截至2014年末，沪港通运行平稳，沪股通3 000亿元总额度使用了746.32亿元;港股通2 500亿元总额度使用了105亿元。

2. QFII和RQFII投资范围进一步放宽

2014年3月19日，上海证券交易所发布《合格境外机构投资者和人民币合格境外机构投资者证券交易实施细则》，放宽了有关境外机构投资者的投资范围。该《实施细则》规定QFII和RQFII可投资于上交所的交易品种，除普通股，国债、公司债券、企业债券、可转换债券等传统债券，ETF、封闭式基金、开放式基金、货币市场基金等基金以及权证外，新增了优先股、政策性金融债、次级债、资产支持证券等新品种，并将所有境外投资者对单个上市公司A 股的持股限制由20%提高至30%。

四、股票市场发展展望

2015年，《中华人民共和国证券法》的修订工作将加快落实，大力推进资本市场的市场化法治化，加快多层次市场体系建设，拓展市场广度和深度，完善市场约束机制、内生发展机制和创新机制，有效发挥资源配置功能、投融资功能、财富管理功能和风险管理功能。一是促进股票市场平稳健康发展，推进股票发行注册制改革，继续引导长期资金入市，在稳定市场预期的基础上，适时适度增加新股供给，促进资本形成。加强市场监管与风险提示，做好中小投资者保护工作。严厉打击各种违法违规行为，维护市场“三公”。二是加强多层次股权市场体系建设，壮大主板市场，改革创业板市场，完善“新三板”市场，规范发展区域性股权市场，开展股权众筹融资试点，继续优化并购重组市场环境，为深化国企改革、促进产业整合、推动结构调整和促进创业创新提供有力支持。三是积极发展私募市场，健全私募发行制度，推动私募基金规范发展，调动民间投资积极性，促进资本与创业创新对接。四是以开放促改革，优化沪港通机制，便利境内企业境外发行上市，完善QFII和RQFII制度，运用好国际、国内两个市场、两种资源，促进“引进来”与“走出去”，更好地服务我国经济参与全球竞争。五是坚持依法治市，推动完善市场基础性法规。加强系统性风险监测监控，切实防范市场内外部风险相互传导、交叉叠加，牢牢守住不发生系统性、区域性风险的底线。

专题三 优先股市场建设快速推进

自2013年11月30日国务院发布《关于开展优先股试点的指导意见》（国发〔2013〕46号）后，2014年，我国优先股制度与发行快速推进，市场已初具雏形，成为实体企业丰富融资渠道实现企业战略和金融机构补充资本金的重要金融工具。

一、优先股市场制度框架基本确立，发行工作已经起步

截至2014年12月，优先股发行、交易及会计记账等框架性制度基本齐备，为优先股市场发展提供了必要的制度环境。特别是《关于商业银行发行优先股补充一级资本的指导意见》的出台，使商业银行优先股发行提上日程，成为我国优先股市场发展的重要推动力。但各类别金融机构的优先股投资制度、优先股做市商制度等仍有待完善，成为制约优先股流动性和投资吸引力的因素。

与此同时，上市公司优先股发行工作快速推进，凸显了优先股作为一种新型融资工具逐步得到市场认可。继2014年10月中国银行以6.75%的固定股息率在海外成功发行400亿元人民币（65亿美元）优先股后，农业银行（国内）、中国银行（国内）、工商银行（海外）优先股先后成功发行。在市场利率下行的背景下，商业银行优先股6%的固定收益率不仅对市场形成较大吸引力，而且也为其他非银行上市公司发行优先股提供了经验。截至2014年12月，已有18家上市公司先后公布优先股发行预案，涉及商业银行、基础设施、医药、能源等多个行业。从发行进度看，除

表4-2 优先股相关制度文件

文件名称	主要内容	出台日期
《国务院关于开展优先股试点的指导意见》	优先股制度框架	2013年11月30日
《优先股试点管理办法》	优先股市场制度	2014年3月21日
《金融负债与权益工具的具体区分及相关会计处理规定》	会计处理办法	2014年3月21日
《商业银行资本管理办法（试行）》	银行资本金管理办法	2012年6月7日
《关于商业银行发行优先股补充一级资本的指导意见》	银行发行优先股补充资本办法	2014年4月18日
《上海证券交易所优先股业务试点管理办法》	交易转让	2014年5月9日
《深圳证券交易所优先股试点业务实施细则》	交易转让	2014年6月12日
《中国保监会关于保险公司发行优先股有关事项的通知》（内部征求意见稿）	保险发行优先股补充资本办法	2014年9月18日
《关于保险资金投资优先股有关事项的通知》	保险投资细则	2014年10月17日
《保险公司资本补充管理办法》（征求意见稿）	保险资本补充办法	2014年11月13日
《非上市公众公司信息披露内容与格式准则第7号》	三板信披制度	2014年9月
《关于优先股纳入股票质押回购交易标的证券范围相关事宜的通知》	股票质押回购交易	2014年11月

资料来源：申万研究。

农行、中行、工行已经完成发行外，浦发银行、兴业银行、广汇能源和康美药业的优先股发行方案通过证监会审批。

二、优先股对我国资本市场发展有重要积极影响

优先股对于我国资本市场发展有着积极的影响，其意义与作用主要体现在三个方面：

第一，优先股作为股权融资与债权融资的混合产物，拓宽了实体企业融资渠道，丰富了投资方式，推动了多层次资本市场建设。对于企业来说，在不利的经济和资本市场环境下，优先股有利于拓宽企业融资渠道，帮助企业渡过经营困境。一方面，大量蓝筹企业股价跌破净值，股票融资成本大幅提高；另一方面，企业资金周转下降导致财务杠杆不断上升，债务融资空间减少，中小企业融资难度进一步提高。优先股作为一种股债混合工具，不仅丰富了企业的融资渠道，而且其灵活的条款设计能力，有利于改善发行人与投资人之间的信息不对称程度，在一定程度上降低了企业的融资成本。对于资本市场而言，固定分红的优先股能够在一定程度上缓解A股市场分红过低的问题。对于投资者而言，优先股股息率往往高于债券且进入门槛较低，适合于稳健、保守型的投资者，能够为社保基金、养老金等长期基金入市开辟新的投资渠道。

第二，优先股有利于促进我国现阶段产业整合与转型升级。一方面，从国际经验看，优先股在进行企业并购和风险投资过程中发挥着重要作用。一是类似于优先股的混合型融资工具灵活性较高，可以根据公司收益情况设计不同条款，如累积和非累积优先股、可转换优先股、可赎回优先股等。二是在降低融资成本的同时获得较为稳定的长期资本来源。在风险投

表4-3 上市公司优先股预案发布情况

上市公司	发行规模（亿元）	已/预发规模（亿元）	股息率	主题/绩项/优先股评级	主要合同条款
农业银行	800	400	6%	AAA/AAA/AA+	阶段调整固定股息、非累积、非参与、永续
中国银行	600+400	400+320	6.75%, 6%	AAA/AAA/AA+	阶段调整固定股息、非累积、非参与、永续
工商银行	450+350	350(境外)	6%	AAA/AAA	阶段调整固定股息、非累积、非参与、永续
浦发银行	300	150	6%	AAA/AAA/AA+	阶段调整固定股息、非累积、非参与、永续
兴业银行	260	130	6%	AAA/AAA/AA+	阶段调整固定股息、非累积、非参与、永续
建设银行	600+200	100	6%	AAA/AAA	阶段调整固定股息率、非累积、非参与、永续
平安银行	200	100	6.3%~6.5%	AAA/AA+	固定股息率、非累积、非参与、永续
宁波银行	50	25	6.5%~6.7%	AA+/AA	阶段调整固定股息率、非累积、非参与、永续
光大银行	300	150	6%~6.3%	AAA/AAA	阶段调整固定股息率、非累积、非参与、永续
民生银行	200	100	6.3%~6.5%	AAA/AA+	阶段调整固定股息率、非累积、非参与、永续
北京银行	150	75	6.3%~6.5%	AAA/AA+	阶段调整固定股息率、非累积、非参与、永续
康美药业	60	30	7.5%	AA+/AA+/AA-	固定股息率、非累积、非参与、永续、不可转换
广汇能源	50	25	8%~9%	AA/AA	浮动股息率、非累积、非参与、永续、不可转换
中国建筑	300	150-300	6%~6.5%	AAA/AAA	单次跳息+固定股息、非累积、非参与、可赎回但不可回售
中原高速	34	17	5%~6%	AAA/AAA	固定股息、可累积、可参与、可赎回但不设回售条款
中国电建	20	10	6%~6.3%	AAA/AAA	单次跳息+固定股息率、可累积、非参与、可赎回但不可回售
中国交建	145	75	6%~6.5%	AAA/AAA	单次跳息+固定股息率、非累积、非参与、可赎回但不可回售
晨鸣纸业	45	22.5	3.5%~4%	AA+/AA+	单次跳息+固定股息率、可累积、可参与、可赎回但不可回售

资料来源：公司公告，申万研究。

资中，投资者与企业也较为青睐优先股。根据设计条款的不同，持有的优先股可在享受固定收益的同时，参与公司利好方面的分红。对于企业而言，其控制权也没有因为优先股的存在而被稀释，而且财务负担也相应减轻。三是根据我国优先股试点期间管理办法，用于并购重组和回购普通股的优先股，可以采取公开发行的方式，通过提高优先股流动性显著降低该类优先股发行的成本。另一方面，优先股有望助力新一轮国企改革。一是增量发行优先股可以为国企提供新的融资渠道。对于资产负债率较高的企业，特别是即将或者已经达到国资委要求的75%上限的央企，发行优先股融资将缓解其资金链紧张，解决临时性流动性问题。二是将存量国有股转优先股，为国有股退出提供新渠道。优先股可以通过把部分国有股转换成为优先股，以此改善“一股独大”带来的国企治理问题，同时减少国有股减持给二级市场带来的冲击，实现国有资产的增值保值。

第三，丰富金融机构资本金补充渠道，提高金融机构竞争力和抵御风险能力。2012年以来，一方面我国金融深化快速推进，利差收窄和证券、保险、信托等经营投资范围拓宽导致商业银行面临竞争加剧；另一方面，实体经济下行导致银行坏账风险提高，局部凸显的风险积聚在银行体系内部。优先股作为其他一级资本补充工具，在多元化银行资本补充渠道的同时，其股债混合特征和特殊的合同条款，使商业银行的风险通过市场化的渠道有效分散，不仅提高了商业银行抵御外部风险的能力，而且商业银行相对较高的信用水平，也丰富了投资者投资产品的选择。同时，优先股通过杠杆作用显著提高了商业银行的资金规模，有利于商业银行进一步拓展各类资本消耗型中间业务，为提高商业银行竞争力提供基础。此外，作为金融机构的资本补充工具，优先股也是保险、证券、信托以及金融控股公司重要的资本补充渠道。2014年9月，保监会发布《保险公司发行优先股补充资本指导意见》（内部征求意见稿）。保险公司特殊的会计处理办法使部分保险公司，特别是中小保险公司资本金压力凸显，并成为业务开展的重要束缚。相对于银行，保险公司优先股更加有利于投资者的条款设计，将进一步丰富资本市场金融工具和投资者选择。

第五章 外汇市场

2014年，人民币汇率双向弹性增强。外汇即期市场成交小幅增长，市场结构继续完善，人民币与主要国际货币和新兴货币的直接交易进一步扩大，市场参与机构的类型与实力更为均衡，汇率形成机制改革和市场管理改革深入推进。在今后的发展中，外汇市场将继续朝着市场化方向迈进，丰富市场产品，扩大交易主体，完善市场机制和基础设施建设。

一、外汇市场运行的基本情况

（一）人民币汇率中间价情况

2014年，国内外经济形势错综复杂，世界经济处于国际金融危机后的深度调整阶段，我国经济运行处在合理区间，结构调整出现积极变化，国际金融市场震荡加剧，美元指数大幅走强，日元和部分新兴市场汇率深幅下挫，人民币对多数货币汇率中间价升值。全年人民币对9个货币汇率中间价升值、对3个货币汇率中间价贬值。其中，人民币对日元、欧元、新西兰元、俄罗斯卢布汇率中间价升幅超过10%，人民币对日元汇率中间价创历史新高。国际清算银行（BIS）的数据显示，2014年人民币名义有效汇率和实际有效汇率分别升值6.4%和6.2%。

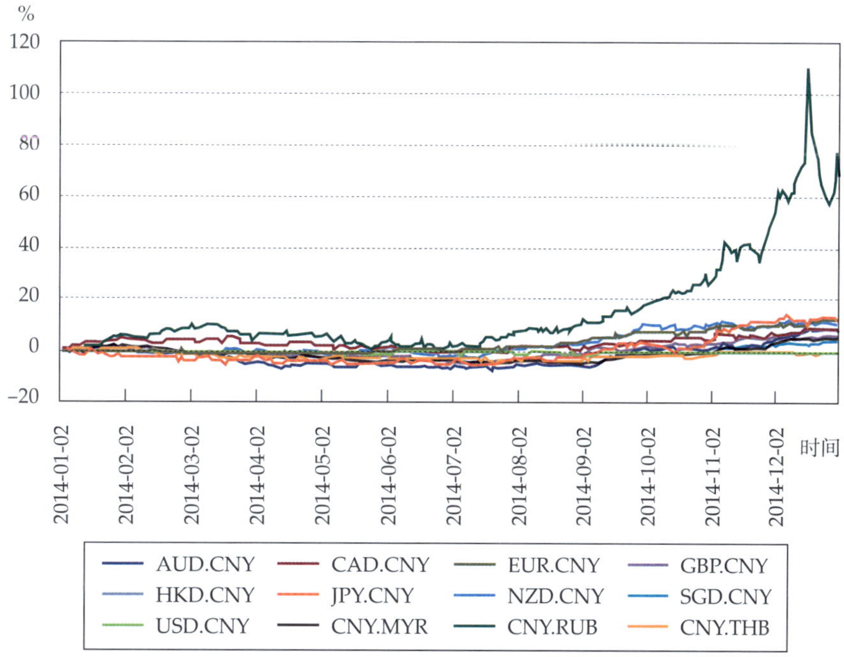

数据来源：中国外汇交易中心。

图5-1　2014年人民币汇率中间价年内升幅

2014年，人民币对美元汇率中间价升贬震荡，双向特征明显。2014年初，美元对人民币汇率中间价为1美元兑6.0990元人民币，年末报收在1美元兑6.1190元人民币。人民币对美元汇率比上年末贬值0.4%。全年美元对人民币汇率中间价波幅为780个基点，比上年减小1 149个基点。自2005年7月人民币汇率形成机制改革以来至2014年末，人民币对美元汇率中间价累计升值35.3%。

2014年，银行间外汇市场人民币对非美货币汇率中间价多数升值，部分货币升幅较大或创历史纪录；对少数货币小幅贬值。

2014年初，日元对人民币汇率中间价为100日元兑5.7827元人民币，年末报收在100日

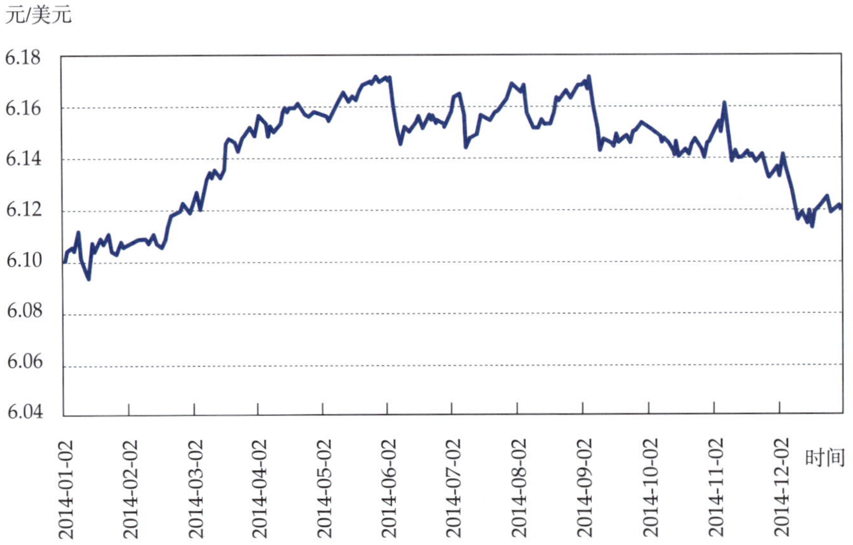

数据来源：中国外汇交易中心。

图5-2 2014年美元对人民币汇率中间价走势

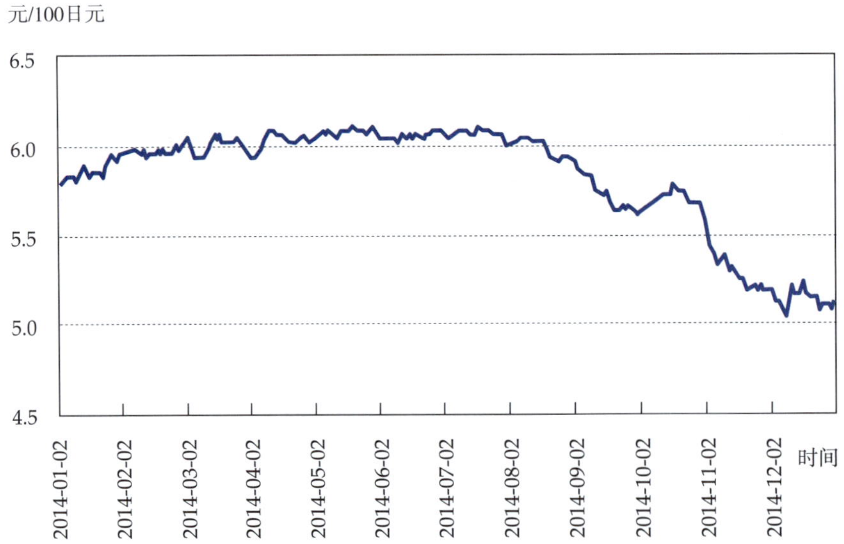

数据来源：中国外汇交易中心。

图5-3 2014年人民币对100日元汇率中间价走势

元兑5.1371元人民币。人民币对日元汇率比上年末升值12.5%。全年日元对人民币汇率中间价波幅为10 463个基点，比上年减小3 751个基点。自2005年7月人民币汇率形成机制改革以来至2014年末，人民币对日元汇率中间价累计升值42.4%。人民币对日元汇率中间价在2014年内创1994年以来历史新高。

2014年初，欧元对人民币汇率中间价为1欧元兑8.3937元人民币，年末报收在1欧元兑7.4556元人民币。人民币对欧元汇率比上年末升值12.9%。全年欧元对人民币汇率中间价波幅为11 200个基点，比上年扩大4 179个基点。自2005年7月人民币汇率形成机制改革以来至2014年末，人民币对欧元汇率中间价累

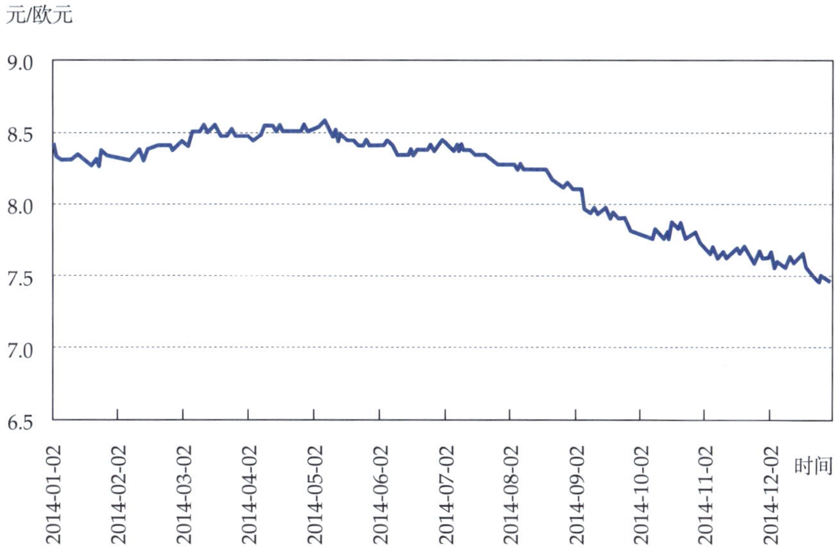

数据来源：中国外汇交易中心。

图5-4　2014年欧元对人民币汇率中间价走势

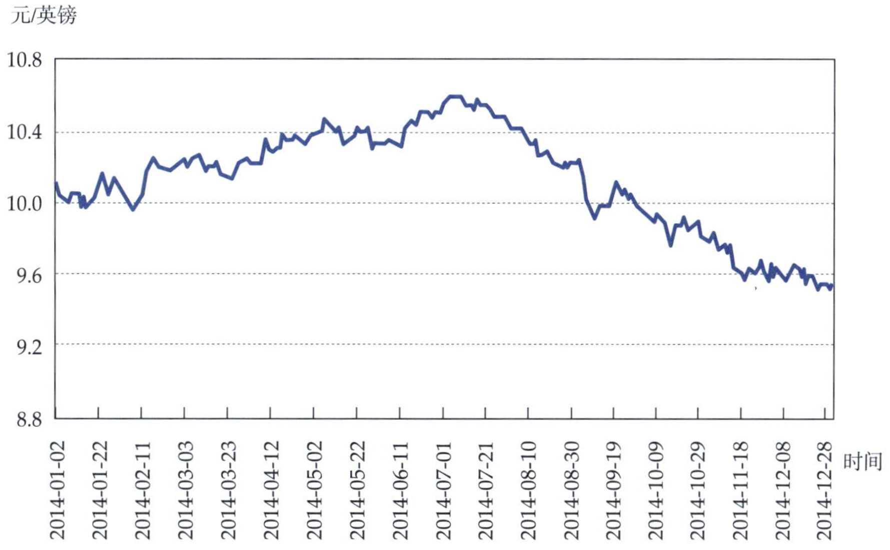

数据来源：中国外汇交易中心。

图5-5　2014年英镑对人民币汇率中间价走势

计升值34.0%。

2014年初，英镑对人民币汇率中间价为1英镑兑10.1118元人民币，年末报收在1英镑兑9.5437元人民币。人民币对英镑汇率比上年末升值5.4%。全年英镑对人民币汇率中间价波幅为10 654个基点，比上年增加889个基点。

2014年初，澳元对人民币汇率中间价为1澳元兑5.4212元人民币，年末报收在1澳元兑5.0174元人民币。人民币对澳元汇率比上年末升值8.2%。全年澳元对人民币汇率中间价波幅为9 032个基点，比上年减小3 388个基点。

2014年初，加元对人民币汇率中间价为1加元兑5.7321元人民币，年末报收在1加元兑5.2755元人民币。人民币对加元汇率比上年末

数据来源：中国外汇交易中心。

图5-6　2014年澳元对人民币汇率中间价走势

数据来源：中国外汇交易中心。

图5-7　2014年加元对人民币汇率中间价走势

升值8.5%。全年加元对人民币汇率中间价波幅为5 466个基点，比上年减小1 340个基点。

2014年3月19日，银行间市场引入新西兰元对人民币交易，当日中间价为1新西兰元兑5.2899元人民币，年末报收在1新西兰元兑4.8034元人民币。人民币对新西兰元汇率全年升值10.1%。全年新西兰元对人民币汇率中间价波幅为7 484个基点。

2014年10月28日，银行间市场引入新加坡元对人民币交易，当日中间价为1新加坡元兑4.8184元人民币，年末报收在1新加坡元兑4.6396元人民币。人民币对新加坡元汇率全年升值3.9%。全年新加坡元对人民币汇率中间价波幅为1 854个基点。

图5-8 2014年新西兰元对人民币汇率中间价走势

图5-9 2014年人民币对新加坡元汇率中间价走势

2014年初，人民币对俄罗斯卢布汇率中间价为1元人民币兑5.4134卢布，年末报收在1元人民币兑9.0536卢布。人民币对卢布汇率比上年末升值67.7%。全年人民币对卢布汇率中间价波幅为59 299个基点，比上年增加52 434个基点。

2014年初，港元对人民币汇率中间价为1港元兑0.7867元人民币，年末报收在1港元兑0.7889元人民币。人民币对港元汇率比上年末贬值0.3%。全年港元对人民币汇率中间价波幅为104个基点，比上年减小148个基点。自2005年7月人民币汇率形成机制改革以来至2014年末，人民币对港元汇率中间价累计升值34.8%。

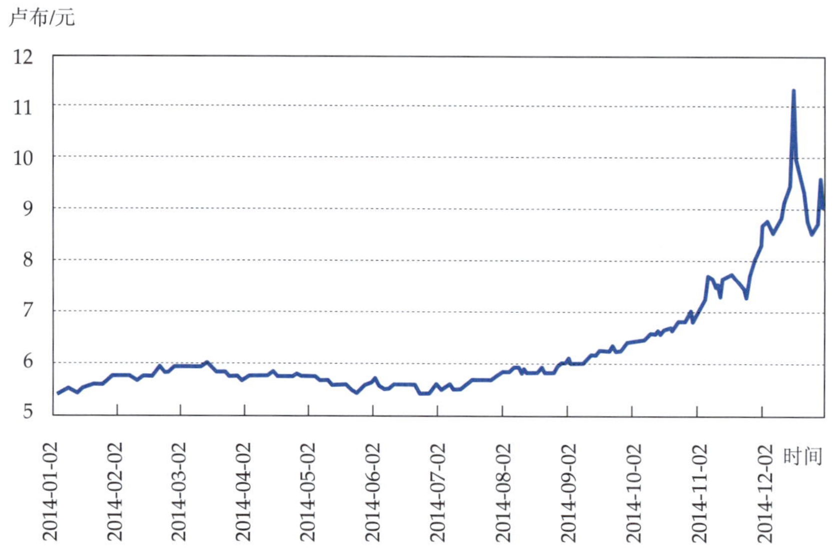

数据来源：中国外汇交易中心。

图5-10　2014年人民币对俄罗斯卢布汇率中间价走势

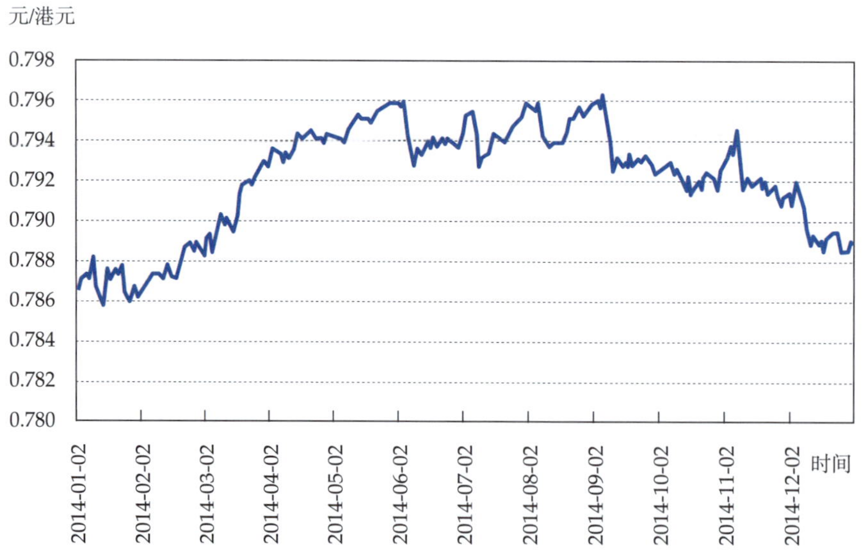

数据来源：中国外汇交易中心。

图5-11　2014年人民币对港元汇率中间价走势

2014年初，人民币对马来西亚林吉特汇率中间价为1元人民币兑0.5398林吉特，年末报收在1元人民币兑0.5674林吉特。人民币对林吉特汇率比上年末升值4.8%。全年人民币对林吉特汇率中间价波幅为579个基点，比上年减小47个基点。

2014年初，人民币对泰铢汇率参考价为1元人民币兑5.3880泰铢，年末报收在1元人民币兑5.3415泰铢。人民币对泰铢汇率比上年末升值0.5%。全年人民币对泰铢汇率参考价波幅为3 006个基点，比上年减小4 873个基点。

2014年12月15日，银行间市场引入人民币兑哈萨克斯坦坚戈区域交易，当日参考价为1元人民币兑29.5775坚戈，年末报收在1元

数据来源：中国外汇交易中心。

图5-12 2014年人民币对马来西亚林吉特汇率中间价走势

数据来源：中国外汇交易中心。

图5-13 2014年人民币对泰铢汇率参考价走势

人民币兑29.6822坚戈。人民币对坚戈参考价全年升值0.4%。全年人民币对坚戈参考价波幅为2 395个基点。

（二）人民币外汇即期市场交易情况

2014年，我国对外贸易增速下滑，银行对客户零售市场结售汇顺差负增长，银行间外汇即期市场成交增速下降，全年共成交25.4万亿元，同比增长1.4%，增速较上年下降16.7个百分点。其中，人民币对美元即期成交24.0万亿元，同比增长3.6%，增速较上年下降11.2个百分点。

非美货币交易涨势明显。其中，人民币对欧元、港元、英镑即期分别成交3 154.8亿元、2 031.4亿元、1 377.0亿元，同比分别增长14.8%、39.6%、702.2%；人民币对日元、澳元即期分别成交4 550.9亿元、1 486.1亿元，同比分别下降64.3%、0.7%；人民币对新加坡元、新西兰元、俄罗斯卢布分别成交838.0亿元、280.7亿元、254.9亿元，人民币对加元、林吉特和泰铢即期分别成交13.6亿元、11.9亿元和2.1亿元。

二、外汇市场运行的特点

（一）人民币汇率双向弹性显著增强

2014年国际外汇市场深幅震荡，美元指数上涨13%，日元和俄罗斯卢布汇率跌幅分别超过12%和43%，部分新兴市场汇率也跌幅显著。人民币汇率全年有升有贬，双向波动扩大。

从中间价来看，人民币对美元汇率中间价弹性显著增强。2014年人民币对美元汇率中间价年内最大走弱至6.1710，较年初走弱720个基点，最大贬值1.2%；最大走强至6.0930，较年初走强60个基点，最大升值0.1%。中间价升贬较2013年体现出更显著的双向波动性。人民币对其他货币汇率中间价的升贬双向波动性也进一步增强。人民币对日元、欧元、英镑中间价年内最大升值分别

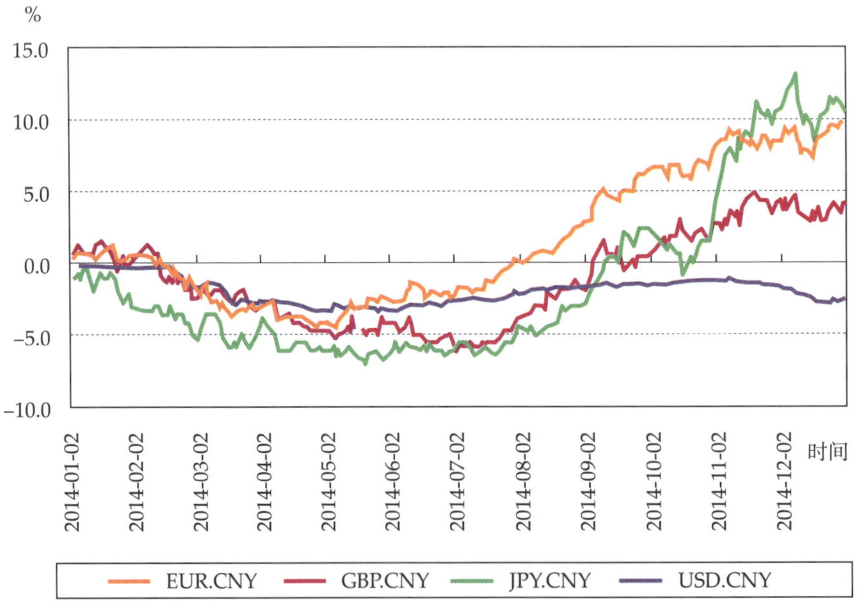

数据来源：中国外汇交易中心。

图5-14 2014年人民币对部分货币交易汇率年内升贬率

为14.4%、12.6%和6.2%，最大贬值分别为5.2%、2.1%和4.5%，双向运行特征均较上年显著。

从交易价来看，交易汇率双向波动的程度更大。人民币对美元交易汇率年内最大走弱至6.2593，较年初走弱2 087个基点，最大贬值3.3%；最大走强至6.0412，较年初走强94个基点，最大升值0.2%。人民币对美元交易汇率的双向波动程度高于中间价的升贬。人民币对其他货币交易汇率的双向波动也都普遍加大。人民币对日元、欧元、英镑交易汇率年内最大升值分别为12.9%、10.1%和4.9%，最大贬值分别为7.0%、4.4%和5.9%，也都高于或相当于中间价的变动程度。

（二）币种结构持续改善

2014年，银行间外汇市场进一步引入新货币，直接交易持续发展，非美货币交易活跃度增强，市场币种结构改善。银行间人民币外汇市场引入新西兰元、新加坡元直接交易和坚戈区域交易，发展人民币对欧元、英镑直接交易，人民币外汇市场货币对总数增加到13对，币种覆盖面进一步扩大。全年美元币种交易接近24万亿元人民币，仍占据市场交易的绝大多数，但非美货币交易保持相当程度的活跃。人民币对非美货币年交易量突破1.4万亿元人民币，连续三年维持在万亿元规模以上。在非美货币交易中，人民币对日元、欧元、港元、澳元、英镑、新加坡元分别占比32.5%、22.5%、14.5%、10.6%、9.8%和6.0%，这6个币种在12种非美货币中合计占比96.0%，较上年下降3.6个百分点。其中，人民币对英镑、欧元、港元、澳元在非美货币中的市场占比较上年分别上升8.9个、7.6个、5.6个、2.8个百分点，人民币对日元占比较上年大幅下降34.4个百分点。上述货币在非美货币交易中更加均衡。

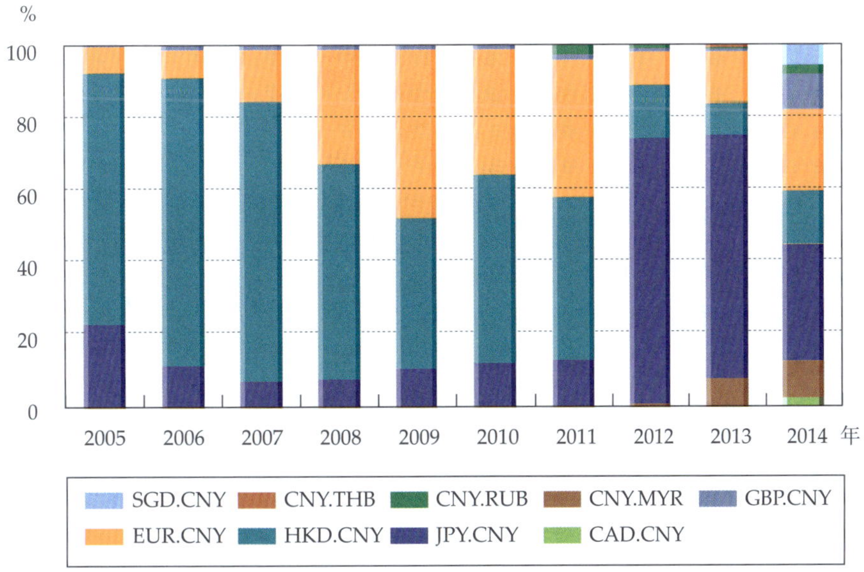

数据来源：中国外汇交易中心。

图5-15 2005～2014年银行间人民币对非美货币币种交易结构

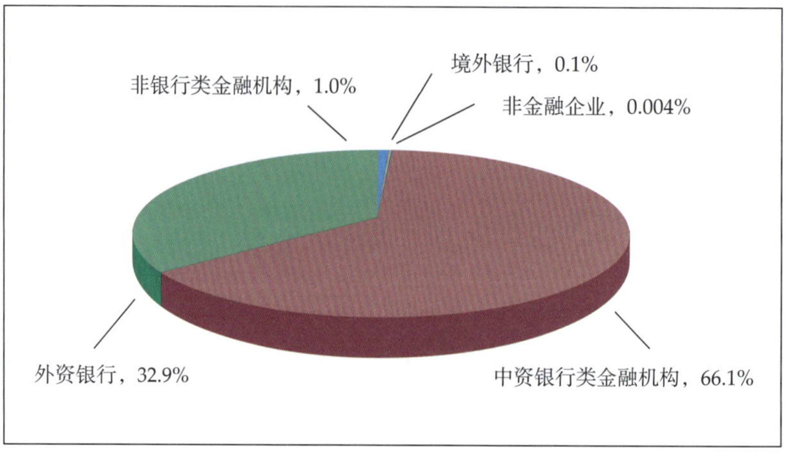

数据来源：中国外汇交易中心。

图5-16　2014年外汇市场会员的分类交易份额

（三）参与者结构进一步多元

银行间人民币外汇市场会员进一步增长，结构进一步优化。截至2014年底，即期市场会员总数为465家，较上年末增加60家。外汇远掉和期权市场会员数分别为98家和38家，较上年末分别增加10家和5家。

市场会员结构进一步多元和优化，既体现在会员类型上，也体现在多类型会员的市场实力上。2014年，外汇市场上中资银行类金融机构增加40家，其中，农村商业银行与合作银行、农村信用联社增加28家。非银行类金融机构（主要是财务公司）增加10家，外资银行增加7家，境外银行增加3家。2014年，非银行类金融机构、外资银行的市场份额较上年分别增长0.2个、1.5个百分点，中资银行类金融机构、境外银行市场份额下降1.6个、0.1个百分点。多类型会员机构的市场实力均衡性有所改善。

（四）市场交易结构持续优化

2014年，银行间外汇市场交易结构持续优化，做市商的主导性力量巩固，普通会员市场实力增强。银行间外汇市场2006年以来实行做市商制度，2011年以来，在外汇即期和远掉市场上引入尝试做市机制，为市场提供充分流动性，做市商和尝试做市机构在市场中发挥着重要作用。2014年，即期市场做市商、尝试做市机构市场份额分别为84.4%、3.1%，分别较上年下降1.7个和1.8个百分点，二者在市场中保持着绝对优势。普通会员市场份额12.5%，较上年上升3.5个百分点。自2006年实行做市商制度以来，普通会员市场份额首次超过一成。远掉期市场上，做市商、尝试做市机构2014年市场份额分别为79.4%、4.4%，分别较上年上升2.4个百分点、下降3.3个百分点，普通会员市场份额16.3%，较上年上升0.9个百分点。人民币对欧元、日元、英镑、澳元、新西兰元和新加坡元交易实行直接交易做市商机制，上述货币对的直接交易做市商在各自货币市场交易中提供双向流动性，也占据主导地位。

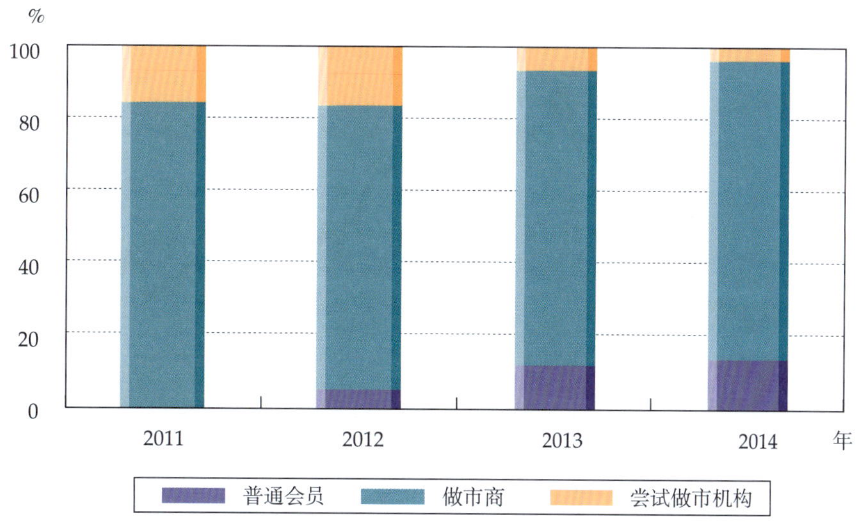

数据来源：中国外汇交易中心。

图5-17　2011～2014年银行间人民币外汇市场交易结构

三、银行间外汇市场制度建设与产品创新

（一）汇率波幅进一步扩大

2014年3月中国人民银行发布通知，自3月17日起银行间即期外汇市场人民币对美元交易汇率浮动幅度扩大至2%。人民币汇率浮动幅度逐步扩大、有步骤推进，体现为渐进的改革安排。1994年人民币汇率浮动幅度是3‰，2007年5月从3‰扩大至5‰，2012年4月扩大至1%，此次是第三次拓宽波幅。近年来，我国外汇市场发育进一步成熟，交易量持续增长，交易品种不断增加，交易主体控制风险的能力逐步提高，自主定价的意愿日渐增强，也需要更大的波幅区间，以适应外汇市场的进一步发展。进一步扩大汇率浮动幅度有利于增强人民币汇率浮动弹性，优化资金配置效率，进一步增强市场配置资源的决定性作用。

（二）人民币对各种货币零售汇价放开

中国人民银行发布通知，自2014年7月1日起，银行可基于市场需求和定价能力对客户自主挂牌人民币对各种货币汇价，现汇、现钞挂牌买卖价没有限制，根据市场供求自主定价。这是自2005年9月取消人民币对非美货币现汇和现钞挂牌买卖价差幅度限制之后，汇率市场化的又一重要进展。至此，包括人民币对美元在内的人民币对各种货币的零售挂牌汇价均已解除限制实现市场化。

（三）国际主流货币和新兴市场货币交易扩容

中国外汇交易中心分别于2014年3月、6月、9月和10月开展或发展人民币对新西兰元、英镑、欧元和新加坡元直接交易，上述货币实行直接交易做市商制度，根据直接交易做市商报价分别形成上述货币对汇率中

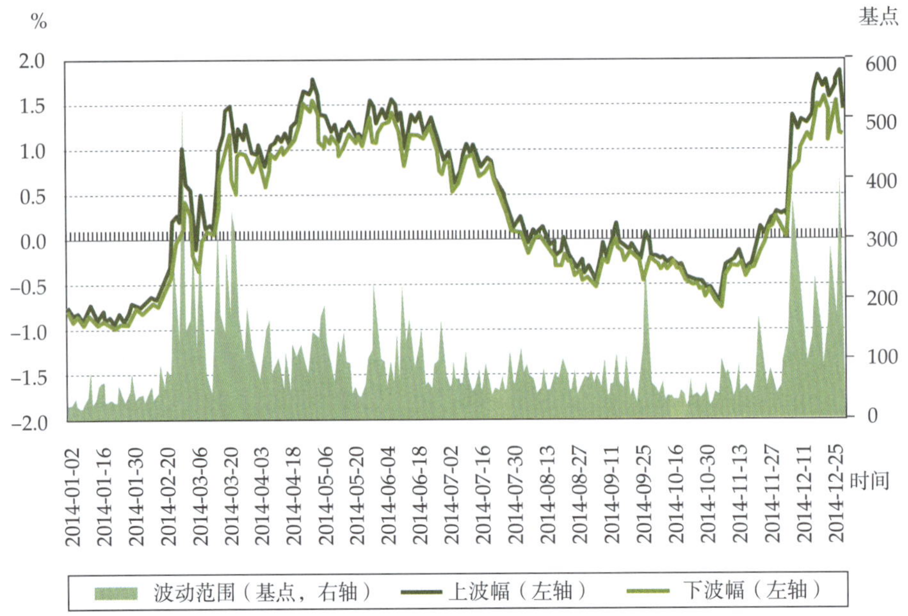

数据来源：中国外汇交易中心。

图5-18 2014年人民币对美元交易汇率的双向波幅

间价。中国外汇交易中心于12月开展人民币对哈萨克斯坦坚戈银行间市场区域交易。至此，银行间人民币外汇市场交易货币对增至13对，覆盖国际主流货币和新兴市场货币。直接交易推出以来，市场报价和交易活跃度上升。全年人民币直接交易货币成交突破1万亿元，对增进市场流动性、降低零售端汇兑成本起到积极作用，有助于促进中国对相关国家和地区双边贸易投资，便利人民币跨境使用。

（四）外汇市场向券商基金类机构开放

国泰君安证券、嘉实基金成为银行间外汇市场会员，获准自2015年起从事即期交易，这是银行间外汇市场首次向券商、基金类非银行金融机构开放。2005年8月，人民银行发布通知加快发展外汇市场，扩大即期外汇市场交易主体，符合条件的非银行类金融机构和非金融企业可进入银行间外汇市场，此后，以财务公司为主的50多家非银行类金融机构进入银行间外汇市场。此次券商、基金获准入市，进一步扩大了外汇市场的参与主体，丰富交易主体层次和多元化市场需求，有助于增强外汇市场的价格发现和风险管理功能，有助于扩大外汇市场的服务面，也有助于我国外汇市场向更高层次的发展迈进。

（五）外汇市场管理简政放权深入推进

在制度规范层面，从8月起，实施《银行办理结售汇业务管理办法》，办法对即期结售汇业务和外汇衍生产品业务分类制定管理规范，降低市场准入条件，转变银行头寸管理方式，取消部分行政许可和资格要求，实现以事前审批为重向以事后监管为重的转变。该办法简化市场准入管理，赋予市场主体更大的自主权和主观能动性，推动外汇管理职能转变。在具体举措层面，简化市场准入。自1月起，简化外汇掉期和货币掉期业务准入管理，取得对客户远期结售汇业务资格的银行及其分支机构，可自动取得外汇掉期和货币掉期业务资格，无需再次申请备案。从8月起，各类外汇衍生产品业务实行统一的一次性准入管理。12月国家外汇管理局发布通知，自2015年起，将不实施银行间外汇市场事前入市资格许可，也不对货币经纪公司业务实施事前资格许可，进一步简化外汇市场准入管理，便利机构入市。

四、外汇市场的发展趋势

未来，人民币汇率形成机制改革会继续朝着市场化方向迈进，加大市场决定汇率的力度，建立以市场供求为基础、有管理的浮动汇率制度，促进国际收支平衡。根据外汇市场发育状况和经济金融形势，增强人民币汇率双向浮动弹性，保持人民币汇率在合理均衡水平上的基本稳定。转变监管方式，深入推进简政放权，将监管的资源更多地集中至市场基础设施建设和风险风控，规范外汇市场的职业操守，增强市场的自律行为。

丰富交易工具是发展外汇市场的基本抓手。未来将进一步丰富外汇产品，推进外汇期权组合产品和期货业务创新，形成较为完整的可交易产品序列；进一步推进和扩大直接交易和区域货币交易发展，增强外汇市场服务实体经济和国家战略的能力，扩展外汇市场的广度和深度，更好地满足企业和居民的需求。

需求差异化的市场参与者是增进市场活力的主要方式。外汇市场主体将有序扩大。支持和扩大证券公司等非银行金融机构进入外汇市场，支持个人适度参与外汇交易，允许符合条件的境内机构和境外机构双向参与离岸和在岸外汇市场，改善市场供求结构和交易风格，促进形成多元化市场结构，丰富外汇市场主体，增进市场流动性。

具有竞争力的市场机制和基础设施是外汇市场发展的基本保障。外汇市场将进一步完善市场交易机制和服务模式，建设新一代集交易、信息等于一身的综合服务系统，优化交易模式，整合市场产品，提高业务自动化程度和交易效率，增进交易平台及其他基础设施的竞争力和包容性，建立健全集中化和全覆盖的外汇市场交易报告制度，为新常态外汇市场发展提供坚实机制和技术保障。

专题四　推动区域货币对人民币的直接交易

伴随着我国经济多年快速增长、国力不断增强，人民币国际地位显著提高，人民币在跨境贸易、投资等领域使用范围日益广泛。数据显示，人民币已成为我国第二大跨境支付货币，人民币跨境收支占全部本外币跨境收支的比重已接近25%，货物贸易进出口的人民币结算比重超过15%，与我国发生跨境人民币收付的国家达到170多个。2009年以来，人民银行先后与26个境外央行或货币当局签署双边本币互换协议，总额度将近3万亿元，本币国际合作持续深化。人民币在周边及其他国家和地区得到了普遍认可，部分国家已将人民币列为储备货币，人民币已成为第七大储备货币。

中国外汇交易中心在上级主管部门的

指导下及时响应市场需求，积极发展人民币外汇交易。除美元、欧元、日元、英镑等外，人民币已与卢布、林吉特、澳大利亚元、新西兰元等实现了直接交易，与泰铢、坚戈实现了区域银行间交易。银行间人民币外汇市场交易货币对增至13对，覆盖国际主流货币和新兴市场货币。新近发展的人民币直接交易和区域银行间交易年度已突破万亿元，对增进市场流动性、降低零售端汇兑成本起到积极作用，也有助于促进中国对相关国家和地区双边贸易投资，便利人民币跨境使用。中国外汇交易中心先后于2011年12月19日和2014年12月15日推出人民币对泰铢、人民币对哈萨克斯坦坚戈银行间市场区域交易，为中国与相关国家双边贸易与投资提供金融便利。

银行间市场区域交易机制是，交易品种为即期询价交易，包括T+0、T+1和T+2。汇率参考价的生成方式是，中国外汇交易中心于每个交易日开盘前向人民币对泰铢、坚戈银行间市场区域交易的报价行询价，将报价行的报价平均，得到每日人民币对泰铢、坚戈参考价。中国外汇交易中心于每个交易日上午9时15分向银行间外汇市场会员公布当日人民币对泰铢参考价，每个交易日上午10时15分公布当日人民币对坚戈参考价。人民币对泰铢、坚戈交易价暂定为参考价上下10%幅度内浮动。人民币对泰铢银行间市场区域交易时间为每周一至周五9:30至16:30，人民币对坚戈银行间市场区域交易时间为每周一至周五10:30至16:30。

银行间区域交易服务于已对客户挂牌相关货币汇价的银行，服务于云南、新疆等区域省份的商业银行，服务于境内相关银行，为其提供交易便利。迄今，人民币对泰铢区域银行间交易接近30亿元，人民币对坚戈交易也正平稳起步。银行间市场将继续及时响应市场需求，进一步发展和扩大区域货币交易，为双边贸易与投资等实体经济服务，为人民币国际化、“一带一路”等国家战略提供更多保障。

第六章　黄金市场

2014年国际金价下跌1.68%，波动减弱。美国、伦敦等主要国际黄金市场成交量出现不同程度的下降。我国黄金市场交易依然活跃，黄金产品不断创新，交易机制持续优化，对外开放程度提高，黄金国际板业务正式推出。商业银行黄金业务总体保持增长，其中黄金远期、黄金租借等业务增长较快。

一、黄金市场运行的基本情况

（一）上海黄金交易所现货市场运行情况

1. 现货金价震荡波动，交易量规模大幅增长

2014年，黄金价格在先涨后跌之后，于年末出现反弹。截至2014年末，上海黄金交易所主力合约收于240.59元/克，较2013年末上涨1.75%。

2014年，上海黄金交易所累计成交黄金1.85万吨，同比增长59.17%；成交金额4.59万亿元，同比增长42.81%。日均交易75.46吨，较上年增长54.63%。

2. 黄金延期交易产品增多，黄金现货交易占比扩大

2014年，上海黄金交易所新推出迷你黄金延期合约mAu(T+D)，并优化了Au(T+N)合约。全年，各类黄金延期产品累计成交9 880.19吨，较上年增加3 499.11吨，增长47.58%。其中Au(T+D)合约成交8 665.02吨，同比增长29.43%；mAu(T+D)合约成交543.32吨； Au(T+N)合约成交671.85吨。

2014年，上海黄金交易所各类黄金现货

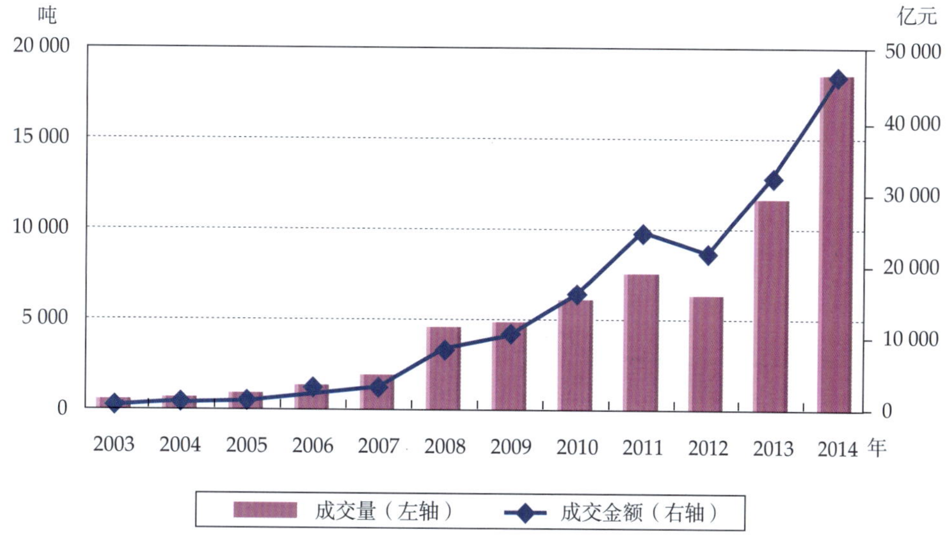

数据来源：上海黄金交易所。

图6-1　2003~2014年上海黄金交易所成交量和成交金额

产品累计成交8 606.49吨，同比增长74.94%。黄金现货交易占比较上年增加4.2个百分点，达46.56%。

3. 黄金询价业务快速发展，市场流动性增强

2014年，上海黄金交易所询价平台和银行间询价平台的各类黄金询价产品累计成交2 799.35吨，同比增长192.33%，其中，银行间黄金询价成交1 163.89吨，同比增长752.02%。黄金询价总量占交易所黄金交易量的比例从2013年的8.18%增长至15.58%。参与银行间询价交易的机构数量由2013年的27家发展至43家。参与交易所询价交易的机构新增263家，增长118.47%。

4. 黄金清算交割安全顺畅，市场服务高效便捷

2014年，上海黄金交易所资金清算总额为1.78万亿元，较上年增长6.04%。其中，会员自营清算量1.03万亿元，增长4.49%；代理清算量0.75万亿元，增长7.73%。

2014年，上海黄金交易所在用黄金指定仓库59家，分布在全国35个城市，指定仓库使用率78.67%；国际板指定仓库1家。全年上海黄金交易所黄金入库量2 928.80吨；黄金出库量2 835.30吨。上海黄金交易所严控交割黄金质量，加强金条、金锭的品牌认证，为市场提供黄金实物仓储、物流运输等全方位服务。

（二）上海期货交易所黄金期货市场运行情况

1. 国内外黄金期货价格保持联动

2014年，国内黄金期货主力合约开盘于241.1元/克，最低223.6元/克，最高273.4元/克，收盘241.65元/克，与年初基本持平。国内、国际黄金期货市场，以及国内黄金期货、现货市场之间黄金价格的联动性进一步增强，国内黄金期货的定价效率进一步改善。一方面，国内黄金期货价格与美国COMEX黄金期货价格走势保持高度联动，相关系数达0.96。另一方面，国内黄金市场的期货、现货价差减小。2014年，上海期货交易所黄金期货与上海

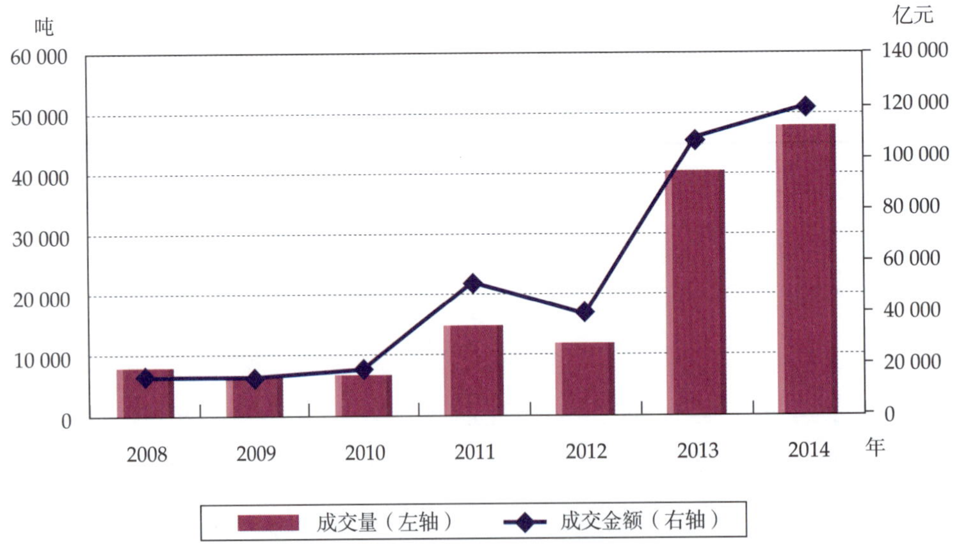

数据来源：上海期货交易所。

图6-2　2008～2014年黄金期货成交量和成交金额

黄金交易所Au(T+D)的平均价差为1.27元/克，较去年下降41.6%。

2. 黄金期货市场规模持续增长

按双边统计，2014年上海期货交易所黄金期货累计成交4 773.08万手，较2013年增长18.81%；累计成交金额达11.98万亿元，增长11.89%，占上海期货交易所所有品种总成交金额的9.47%，较去年增加0.61个百分点。2014年，黄金期货连续交易持续活跃，年成交达2 995.5万手，占同年黄金期货成交量的62.76%。自开展夜盘交易以来,上海黄金期货成交量已稳居全球第二位、亚太地区首位。

3. 黄金期货市场持仓量继续扩大

截至2014年末，上海期货交易所黄金期货持仓19.48万手，较2013年末增长13.93%。连续交易使得交易时段扩大，黄金期货价格连续性得到提高，投资者持仓规模持续提升。

（三）商业银行黄金业务开展情况

1. 自营、代理上海黄金交易所业务量大幅增长

2014年，商业银行在上海黄金交易所的自营、代理总量为1.26万吨，较上年增长79.38%，占交易所黄金交易总量的68%，较去年同期增加7.7个百分点。

（1）自营业务。2014年，商业银行（含国际会员）在上海黄金交易所自营交易黄金产品8 263.83吨，较上年增长93.44%。

（2）代理业务。2014年，商业银行代理上海黄金交易所黄金业务累计成交4 307.24吨，较上年增长57.43%。其中，代理企业累计成交1 761.56吨，增长88.3%；代理个人累计成交2 545.67吨，增长41.3%。

2. 境内各类自有黄金业务总体保持增长

2014年，商业银行境内各项场外黄金业务累计成交4 428.45吨①，增长7.48%，其中黄金远期、黄金租借业务增长较快。

（1）实物黄金销售略有上升。2014年，商业银行累计销售实物黄金411.62吨，较去年增加1.69吨，销售金额1 081.14亿元，同比下降12.9%。其中，自营品牌金销售78.08吨，减少58.24%，代理品牌金销售23.51吨，减少3.08%；黄金积存（黄金定投）销售310.03吨，增长56.04%。2014年商业银行自营、代理品牌金的回购量分别为13.27吨和1.65吨，黄金积存（黄金定投）赎回量为284.21吨，同比增幅分别为21.44%，160.42%和185.46%。

（2）账户金业务大幅下降。2014年，商业银行账户金累计交易988.65吨，交易金额2 483.88亿元，同比分别下降51.04%和55.61%。其中，美元账户金和人民币账户金分别交易77.87吨和910.78吨，同比分别下降49.65%和51.15%。2014年账户金的月均交易量为82.93吨，为近5年来的低点。

（3）黄金租借业务保持增长。黄金租借业务包括商业银行同业黄金拆借和对企业客户的黄金租赁两部分。2014年，商业银行累计租出黄金1 845.49吨，较上年增长110.11%，成交金额为4 619.16亿元，较上年增长94.14%。其中，对客黄金租赁达1 370.69吨，较上年增长88.38%；同业之间累计拆出黄金474.8吨，较上年增长214.94%。

（4）黄金质押业务有所减少。2014年，商业银行累计接收质押黄金17.14吨，较上年减少57%，解除质押21.12吨，较上年增长1.8%。

---

①自2014年起统计口径调整，黄金租借业务的归还部分不再纳入交易量统计。

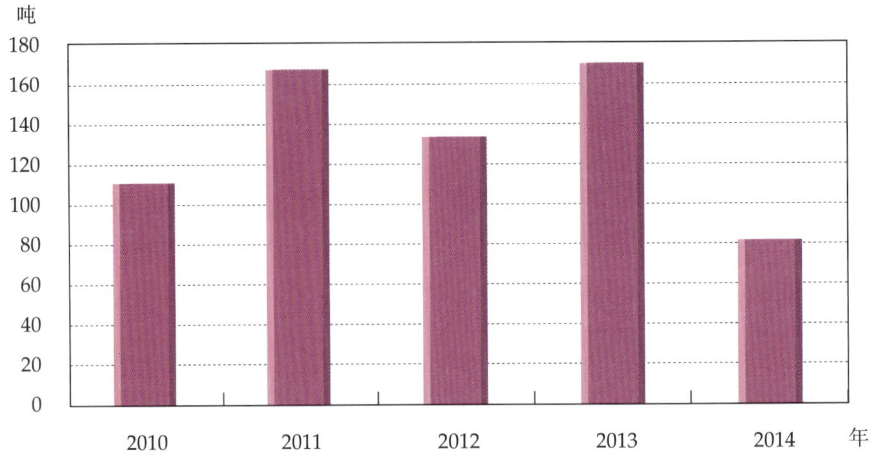

数据来源：中国人民银行上海总部。

图6-3　2010～2014年商业银行账户金历年月均成交量情况

（5）黄金理财业务高速增长。2014年，商业银行出售各类挂钩黄金的理财产品名义本金额达8 529.28亿元，较上年增长516.45%，到期赎回7 854.45亿元，较上年增长554.17%。截至年末，未到期黄金理财产品余额为2 727.85亿元。

（6）境内黄金远期保持增长。商业银行在境内开展的场外黄金衍生产品业务包括分别以美元和人民币报价的黄金远期、黄金掉期和黄金期权。2014年，境内黄金衍生产品业务累计交易866.41吨，较上年增长30.94%。其中，黄金远期成交737.24吨，同比增长117.92%。黄金掉期和黄金期权成交量较上年分别下降58.07%和72.12%。

3. 境外黄金业务继续保持增长

2014年，商业银行各类境外黄金交易累计成交10 386.81吨，较上年增长38.7%，成交金额为4 235.25亿美元，同比增长25.6%。其中，境外黄金掉期累计成交6 450.12吨，较上年增长132.49%，境外黄金远期成交1 179.75吨，较上年减少7.11%。境外黄金期权5.87吨，较上年增长83.75 %。境外黄金即期累计成交2 733.98吨，较上年减少20.54%。本年部分商业银行开始开展境外黄金期货业务，成交16.89吨。

二、2014年黄金价格走势分析

（一）黄金价格走势震荡下行，金价较年初略降

2014年，国际金价总体呈先涨后跌的震荡波动走势，跌势较2013年明显放缓。年初，国际金价自1 219.75美元/盎司开盘后，一度快速上涨,3月14日达1 385美元/盎司年度高点。随后，金价逐波回落。在11月5日最低下探至1 142美元/盎司后，金价有所反弹。年末，国际金价收于1 199.25美元/盎司，较年初下跌1.68%，远小于2013年28.55%的金价跌幅。

国内金价与国际金价走势基本一致。年初，上海黄金交易所黄金主力合约Au99.99开盘价238.85元/克，3月17日达最高价273.6元/克，11月7日达最低价223元/克，年末收盘235.50元/克。2014年加权平均价249.51元/克，

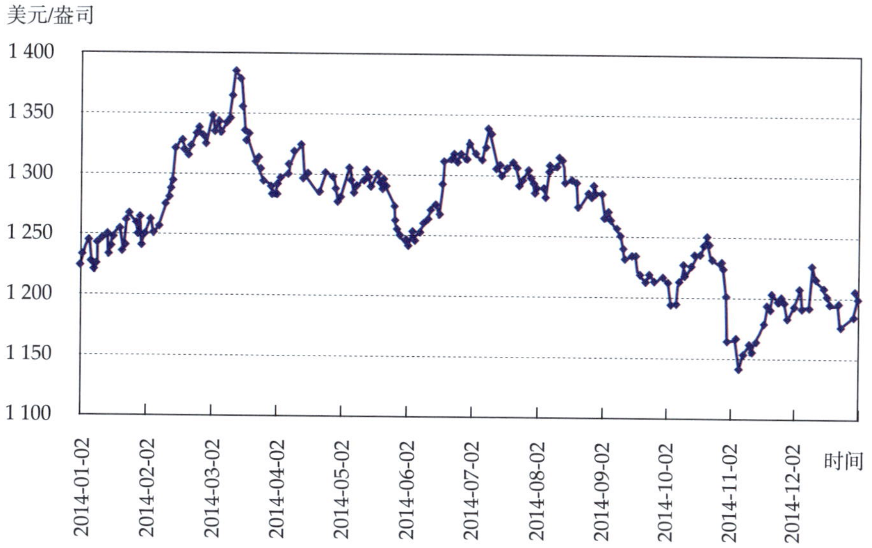

数据来源：LBMA，取伦敦现货金下午定盘价。

图6–4　2014年黄金价格走势

同比下跌10.44%。

（二）影响黄金价格走势的主要因素分析

第一，国际地缘政治局势动荡加剧金价短期变动。第一季度，乌克兰局势动荡且不断升温，美俄关系日益紧张，引发市场担忧，黄金避险属性凸显，成为金价短期变动的重要因素。第一季度，金价上涨5.45%。

第二，美国经济复苏状况以及美联储货币政策影响金价总体趋势。从2014年美国经济情况看，第一至第四季度GDP环比年化增长率分别为0.1%、4.6%、5%和2.4%，经济复苏势头强劲。从美国全年失业率数据看，从年初的6.6%逐步降低至12月份的5.6%，达到金融危机以来的最低水平。随着美国数据表现良好，通胀压力温和，2014年以来，美联储按100亿美元/月的节奏逐步缩减购债，至10月，已全面退出QE量化宽松政策。市场焦点从美联储缩减购债转至提前加息预期上。黄金本身是不计息的资产，加息预期升温一方面将减少黄金保值需求，另一方面表明美国货币政策趋紧，对金价形成压制。2014年，国际金价走势基本反映了美国经济及其货币政策变化趋势。

第三，美元走势仍是影响金价变化的关键因素。自2014年7月起，美元指数快速上升，并突破90关口，创8年半来的新高。全年美元指数上涨12.6%。黄金是以美元标价的产品，美元指数强势上行，对金价形成压制，2014年金价和美元指数的相关性高达-0.84。但在市场恐慌时，美元和黄金因都具有避险属性，也会出现短期正相关的行情走势。

第四，黄金供需基本面在一定程度上支撑了金价。黄金供给方面，1 100～1 200美元/盎司为黄金生产的临界点，一旦金价跌破此价位，一些矿产商将停止生产，从而导致供应减少，为金价反弹提供条件。并且，随着金价下跌，发达国家黄金回收量明显下滑。2014年前三个季度，全球再生金供给为1 121.7吨，

注：美元指数为每日收盘价，国际金价为伦敦现货金下午定盘价。
数据来源：路透、LBMA。

图6-5 美元指数和国际金价对比走势

回收黄金数量降至7年来的低点。黄金需求方面，亚洲市场的实物黄金需求依然强劲。2014年第三季度，印度黄金饰品需求量同比上升8%至662.1吨，中国黄金需求也依然强劲。各国央行继续推进减持美元的多元化资产储备策略，黄金储备量仍保持增长。截至2014年末，全球黄金储备总量达3.2万吨，较年初增长0.58%。这些因素在一定程度上支撑了金价。

三、黄金市场运行的主要特点

（一）金价波动减弱，国内外黄金价差趋于合理

2014年，国际金价整体运行区间收窄。全年波幅（最高值与最低值之差）243美元/盎司，较上年减少51.57%。国内金价日内波动相应减小。在全年245个交易日中，国内现货金价日内波幅低于1%和超过2%的天数分别为153个和15个，而2013年同期则分别为115个和24个。

国内外黄金现货和黄金期货的价差分别缩小。其中，上海黄金交易所黄金现货与国际金价XAu的平均价差由2013年的3.23元/克降至0.74元/克，降幅77%。全年最大价差为4.37元/克，小于2013年10.23元/克的最大价差。上海期货交易所黄金期货与COMEX黄金期货的平均价差由2013年的2.89元/克降至2.29元/克，降幅20.7%。

（二）市场规模继续保持增长，增幅有所放缓

2014年，国际主要黄金市场交易规模普遍萎缩。其中，伦敦黄金市场的现货清算量较上年下降21.08%，美国COMEX黄金期货交易量较上年下降 14.36%。印度、日本、土耳其等新兴黄金市场交易量均降幅明显。相较于其他国际市场，中国黄金市场依然保持

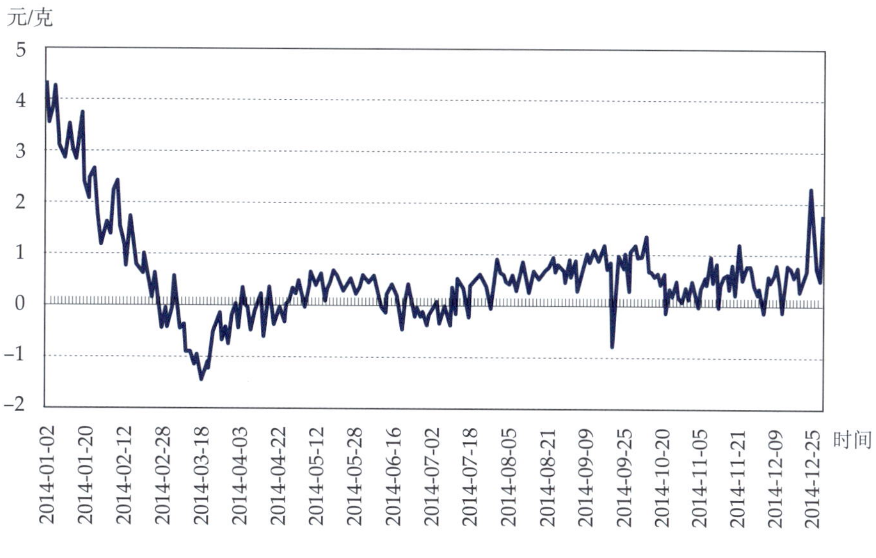

数据来源：上海黄金交易所。

图6–6 2014年国内外黄金现货价差波动

增长。但从增长趋势看，由于各类黄金交易性需求减弱，国内市场增速明显放缓。2014年，上海黄金交易所黄金延期产品Au(T+D)累计成交8 665.02吨，较上年增长29.43%，增幅较2013年的58.43%大幅下降。上海期货交易所黄金期货成交量同比增长18.81%，远低于2013年234%的交易增幅。

（三）市场层次更加丰富，会员结构不断优化

2014年，上海黄金交易所新增40家国际会员和6家证券公司进入黄金市场。截至2014年末，上海黄金交易所共有173家国内会员，其中金融类27家、外资金融类9家、综合类129家、自营类2家，特别会员6家；国际会员40家。截至2014年末，上海黄金交易所机构客户数为8 358户，较上年增长23.17%，个人客户数为7 332 527户，较上年增长66.88%。全年各类法人机构共成交黄金1.59万吨，同比增长62.43%，占黄金总成交量的86.23%。2014年，上海期货交易所新增2家商业银行参与黄金期货业务，截至年末，共有17家商业银行开展黄金期货自营交易，交易量约为上海期货交易所黄金总交易量的2%。场外黄金市场上，截至2014年末，全国共有233家银行法人开办了黄金业务。

（四）对外开放进程加快，黄金市场功能持续完善

一是推出黄金国际板业务。2014年9月，上海黄金交易所在上海自贸区设立国际业务板块，上线三个国际合约iAu99.5、iAu99.99和iAu100g。国际板合约以人民币计价、在上海自贸区交割。2014年共有34家国际会员和199家国内会员参与国际板合约交易。二是黄金进出口主体进一步扩大。为保障国内黄金实物供给，2014年新增招商银行、上海浦东发展银行和渣打银行开展黄金进出口业务。截至年末，共有15家银行获得黄金进出口业务资格，其中包括汇丰银行、澳新银行和渣打银行3家外资银行。三是取消个人携带黄金及其制品进出境审批。此前携带超过50克黄

金及金饰需向海关申报。2014年11月，国务院取消该项行政审批项目，促进了黄金市场进一步开放。

（五）黄金市场宣传教育加强，投资者保护工作进一步深化

为普及黄金投资知识，提升黄金市场风险防范意识，人民银行在全国组织开展黄金市场投资者教育主题宣传活动，加强投资者权益保护工作，并取得良好成效。上海黄金交易所采取多种宣传方式加强贵金属投资及合法投资渠道等知识的普及，保护黄金投资者的利益。启动了投资者教育公益活动“黄金大讲堂”，组建“投资者教育讲师团”，在全国举办近30场宣讲。开办黄金业务的商业银行均对客户和投资者普遍开展了黄金市场投资及风险等方面的宣传教育活动。

四、黄金市场产品创新和基础设施建设

（一）黄金市场产品创新持续推进

1. 上市Mini黄金延期交收合约

上海黄金交易所适应市场需求，新增“Mini黄金延期交收合约”，交易代码为mAu(T+D)。该合约采取保证金交易方式，交易单位为100克/手，最小交收申报量为1手，交割品种为标准重量1千克、成色不低于99.99%的Au99.99标准金锭。2014年，mAu(T+D)成交量逐月递增，全年成交543.32吨。

2. 优化Au（T+N）产品

2014年11月，上海黄金交易所对原Au（T+N1）和Au（T+N2）产品进行优化改造，并正式上线。优化后的Au（T+N）合约将最小交易单位从1 000克/手调整为100克/手，并延长了延期补偿费的支付间隔时间，降低了延期费率。该产品降低了市场准入门槛和投资者交易成本，提高了市场活跃度。2014年，Au(T+N)成交量为671.85吨。

（二）黄金市场基础设施进一步完善

1. 建立银行间询价市场尝试做市机制

经中国人民银行批准，2014年上海黄金交易所建立银行间询价市场做市机制。中国银行、中信银行等21家商业银行向交易所备案申请成为尝试做市商。尝试做市业务运行以来，相关尝试做市机构整体表现积极，市场交投趋于活跃，市场流动性有较大改善，市场运行整体平稳。

2. 加强场外市场基础设施建设

2014年，上海黄金交易所在场外市场基础实施建设方面采取了多项举措。一是推出黄金拆借平台，发布《上海黄金交易所黄金租借业务总协议》，明确了市场双方参与黄金租借业务的基本权利义务和制度安排，规范黄金租借市场。二是上线银行间黄金业务远期曲线报送平台，编制《上海黄金交易所基准价编制方案》，并正式向市场发布上海黄金现货基准价。三是推出黄金询价现金差额交割机制。合约到期后，询价交易双方按照合约约定价格和交割时现货价格的差额进行结算，采用现金交割，提高交易效率。

3. 延长夜市交易时间

自2014年9月8日起，上海黄金交易所将夜市开盘时间由21:00提前至20:00，使得国内黄金交易时间能够覆盖欧美黄金市场主要交易时段，加强了国内外金价联动，进一步满足市场的交易需求。

五、黄金市场的发展展望

加快建设黄金询价市场，稳妥发展黄金衍生产品市场，规范发展黄金租借市场，加大黄金市场对外开放力度，促进多层次黄金市场体系建设。进一步完善黄金市场产品体系，结合黄金产业及市场发展需要，不断丰富黄金交易品种，满足产用金企业融资及风险管理的需要，向黄金产业提供多方位的金融服务。进一步扩大黄金市场的参与主体，引导更多的投资群体参与黄金市场，扩大黄金市场的广度和深度。进一步完善黄金市场的基础设施服务，加强黄金市场硬件系统建设，完善上海黄金交易所国际业务板块，建立健全黄金市场集中清算服务体系，研究建立黄金市场基准利率体系，完善黄金市场数据统计和发布机制。进一步规范黄金市场秩序，加大对黄金市场业务日常监管力度，切实保障投资者利益。

专题五　上海黄金交易所国际板正式推出

一、上海黄金交易所设立国际业务板块的意义

黄金市场是金融市场的重要组成部分。上海黄金交易所设立国际板，标志着我国黄金市场对外开放迈出实质性的一步。第一，有助于形成有国际影响力的“上海金”人民币黄金定价机制和实物交割标准。促使上海黄金交易所产品及规则标准逐步向全球推广并被广泛认可，提升了上海黄金交易所核心竞争力和国际影响力；第二，有助于进一步提高中国黄金市场的容量和集聚性。完善中国金融市场体系，提升金融市场效率，更好地实现黄金市场的价格发现功能；第三，有利于推进上海国际金融中心建设。促进上海自贸区和上海国际金融中心的联动发展，促进境内外市场和资金的有效融合，从而丰富上海国际金融中心建设的内涵；第四，有助于实施国家“藏金于民”战略。通过国际板，让“上海金”变成“百姓金”，惠及更多老百姓，增强国家的黄金储备管理能力，助推人民币国际化和维护国家经济金融安全。

二、国际板交易产品及制度

（一）交易产品

上海黄金交易所国际板市场参与者可以交易国际板新挂牌的三个现货黄金合约iAu100、iAu99.99、iAu99.5，并参与上海黄金交易所黄金合约的交易。iAu100合约交易单位为100克/手，交割标准为标准重量100克，成色不低于99.99%的金锭；iAu99.99合约交易单位为1千克/手，交割标准为标准重量1千克，成色不低于99.99%的金锭；iAu99.5合约交易单位为12.5千克/手，交割标准为标准重量为12.5千克、成色不低于99.5%的金锭。

（二）交易制度

上海黄金交易所按照“交易双向放开，资金封闭运行，实物分区交割”的原则推进国际板建设，在增强国际投资者参与交易便利性的同时，又采取有效措施防范国际市场对国内市场的冲击，隔离市场

风险。

第一，建立会员分类管理制度。在现有会员基础之上，上海黄金交易所按照严格审慎的市场准入制度，有条件、有计划地增加国际会员类别，调整会员结构，并通过国际会员逐步引入合格的国际投资者参与交易。

第二，建立封闭运行的清算体系。上海黄金交易所在自贸区设立国际板交易中心，集中管理跨境资金业务。子公司以自由贸易账户为基础，建立封闭运行的资金清算体系，并按照“从哪里来、回哪里去”的原则对跨境资金进行管理，隔离国际市场对国内市场的负面影响，确保国内市场平稳运行。

第三，建立国际板指定交割仓库。在现行黄金进口管理的制度框架下，上海黄金交易所在自贸区内建立国际板指定交割仓库，为国际投资机构提供标准实物黄金的出入库、存管和交割服务。同时，按照分区交割原则制定相关制度，限制黄金交叉出入库。

第四，打造集中托管模式的国际交易系统。该系统集上海黄金交易所管理、会员管理、客户管理等功能于一体，直接接入交易所核心系统，可为会员提供客户管理、交易接入、清算等服务。

三、2014年国际板运行情况

上海黄金交易所国际板于2014年9月18日正式上线运行。截至2014年底，国际板累计运行了3个多月，共69个交易日。市场运行总体平稳，成交规模逐步增长，会员入市积极性高，实物进口比较畅通，资金清算和跨境划转高效有序，市场功能初步显现。

（一）市场成交情况

2014年，共有15家国际会员参与交易，以自营业务为主；34家国内会员参与国际板合约的交易。2014年，国际板运行69个交易日，累计成交190.55吨，累计成交金额454.53亿元。其中国际板黄金合约累计成交156.29吨，累计成交金额372.47亿元；国际会员参与主板黄金合约交易累计成交34.26吨，交易金额82.06亿元。9月至12月

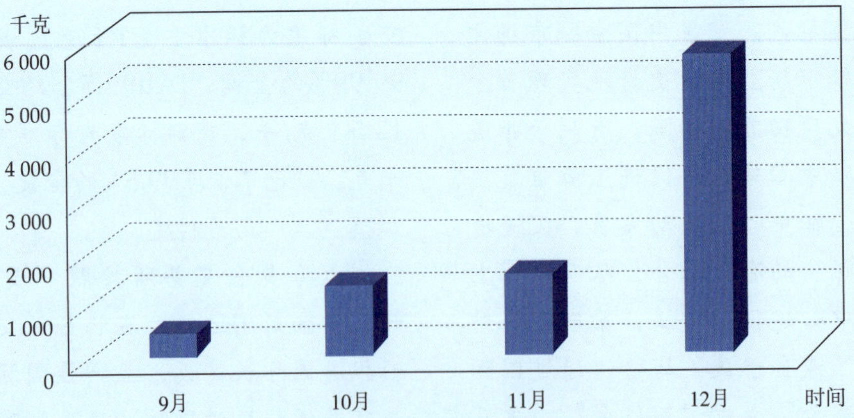

数据来源：上海黄金交易所。

图6-7　2014年国际板日均成交量

的日均成交量稳步增长（见图6、图7），12月的日均成交量达到5 749.39千克。

（二）会员发展情况

国际板首批批准40家国际会员，其中外资会员24家、中资会员16家。此外，还有20多家境外机构正在积极申请成为交易所国际会员。

（三）资金清算情况

上海黄金交易所已批准工商银行等7家商业银行作为国际板指定结算银行，并按照资金封闭运行的原则开展国际板资金结算业务。2014年，国际板净额清算资金43.15亿元人民币，国际板自由贸易账户体系资金清算路径总体正常，资金清算和跨境划转高效便捷。

（四）实物交割情况

2014年，上海黄金交易所在自贸区注册成立了上海国际黄金交易中心有限公司，专门设立了具有黄金保税交割功能的千吨级国际板指定仓库，为进口和转口黄金提供一系列的交割、仓储保管、清关、物流等配套服务。通过国际板，黄金进口入境通道顺畅、通关效率提高、出入库便捷。截至2014年末，共有15.95吨黄金通过海关，存入国际板指定仓库。其中，办理黄金进口14.54吨。

第七章　期货市场

2014年，中国商品期货创新品种持续推出，市场交易保持活跃，多数商品期货价格继续走低。金融期货机构投资者参与程度提高，市场功能进一步发挥。推动期货经营机构创新发展、加强期货公司监管的制度出台，服务能力和市场竞争力得到提升。期货保税交割试点、连续交易品种范围扩大，期货交易保证金制度有所完善，期货市场价格发现、服务实体经济的能力进一步增强。

一、期货市场的运行情况

2014年，全国期货市场（含商品期货和金融期货）累计成交总量为25.06亿手,累计成交总额为291.99万亿元,同比分别增长21.54%和9.16%，均创下历史新高。

（一）商品期货市场的运行情况

1. 商品期货交易保持活跃

2014年，中国商品期货交易保持活跃。全年商品期货成交量为22.83亿手，同比增长22.21%；成交额为127.97万亿元，同比增长1.19%。其中,铝、锌、铅、一号棉、甲醇ME、黄大豆一号、胶合板、纤维板、铁矿石、鸡蛋10个期货品种的成交量同比增幅较大。

分交易所来看，2014年上海期货交易所成交量为8.42亿手，成交额为63.24万亿元，同比分别增长31.10%和4.67%，分别占全国商品期货市场的36.81%和49.41%；郑州商品交易所成交量为6.76亿手，成交额为23.24万亿元，同比分别增长28.76%和22.98%，分别

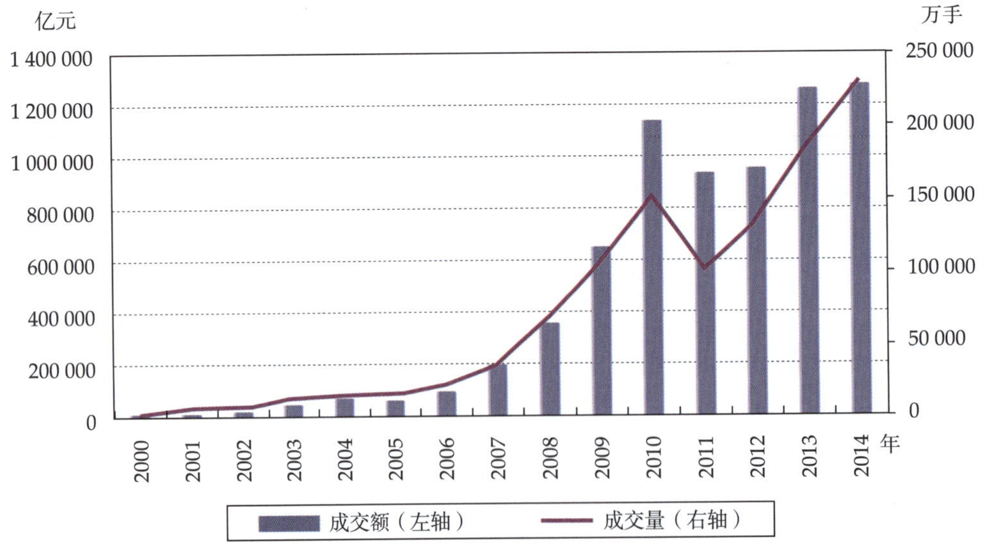

数据来源：中国期货业协会。

图7-1　2000～2014年中国商品期货市场成交量和成交额

占全国商品期货市场的29.56%和18.16%；大连商品交易所成交量为7.70亿手，成交额为41.49万亿元，同比分别增长9.87%和下降12.00%，分别占全国商品期货市场的33.63%和32.43%。

从成交活跃程度来看，2014年商品期货成交量前十大品种依次为螺纹钢、菜籽粕、豆粕、白银、PTA、白糖、铁矿石、天然橡胶、棕榈油和玻璃，合计成交量为16.69亿手，占全部商品期货成交总量的72.95%，低于2013年的80.43%；成交额前十大品种依次为铜、天然橡胶、螺纹钢、白银、菜籽粕、焦炭、豆粕、铁矿石、黄金和白糖，合计成交额为91.38万亿元，占全部商品期货成交总额的71.41%，低于2013年的82.25%。

2. 多数品种价格震荡下行

2014年金属、能源化工、农产品类别的多数商品期货价格延续了2013年震荡下行的

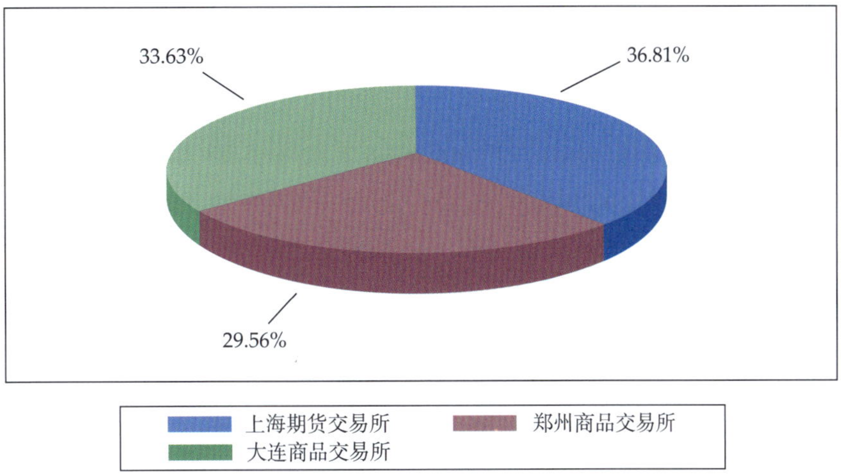

数据来源：中国期货业协会。

图7-2 2014年各商品期货交易所成交量占比

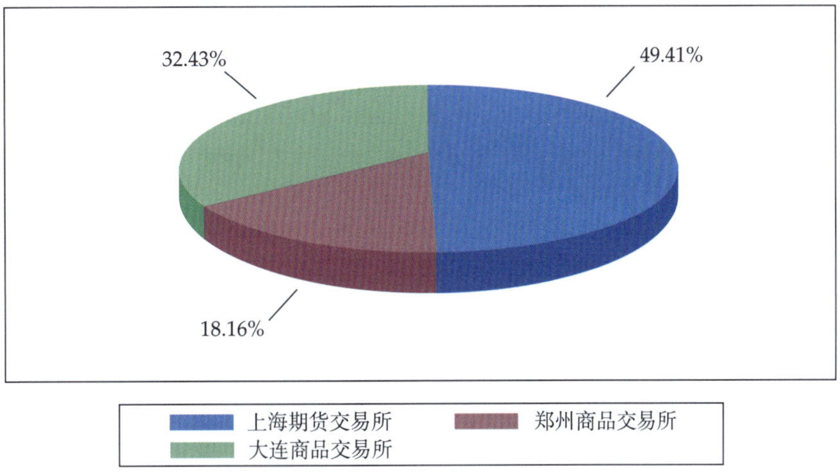

数据来源：中国期货业协会。

图7-3 2014年各商品期货交易所成交额占比

态势。

贵金属方面，美国经济回暖、美联储开始削减QE，对贵金属价格下行增添压力。同时，受乌克兰局势等地缘政治因素的影响，避险需求又有推涨贵金属价格之势。双重因素影响之下，2014年1～11月，黄金价格持续下跌至谷底，在12月价格回升到每克241元，与10月接近。有色金属方面，产能过剩和需求不足制约着有色金属价格走势。2014年中，有色金属整体库存较年初有所下降，价格一度反弹。整体上，2014年上期有色金属指数累计下跌11%。

能化产品方面，焦炭在上游焦煤价格的强势和下游钢铁产品的需求不振之间，下行趋势明显；天然橡胶供大于求且库存高企，期货价格从年初的18 000元/吨左右跌至12月底的12 000元/吨左右。

农产品方面，国内外价格倒挂导致的进口压力成为2014年一些品种价格下跌的共同因素。棉花自2014年4月起取消临时收储政策，实行目标价格政策，生产者按市场价格出售棉花。由于国内外价格倒挂导致的进口压力，棉花价格持续下跌。白糖国内外价格倒挂，进口量保持在高位；大豆、豆粕等品种由于供应充足、库存高企以及需求不足，价格也承受下行压力。

（二）金融期货市场的运行情况

1. 股指期货成交量稳步增长，持仓量大幅增加

2014年，股指期货成交量前低后高，持仓量大幅增加。全年沪深300股指期货成交量为2.17亿手，同比增长12.13%；成交金额为163.14万亿元，同比增长15.95%；日均成交88.77万手，同比增长9.34%；日均持仓16.42万手，同比增长54.31%。随着11月以后股票现货市场交易活跃度增强，股指期货成交量显著上升。1～10月，股指期货日均成交量73.78万手，较2013年同期减少10.98%；11～12月，日均成交157.24万手，较2013年同期大涨113.95%。12月9日，成交量创历史新高293万手，成交量超过200万手的交易日有

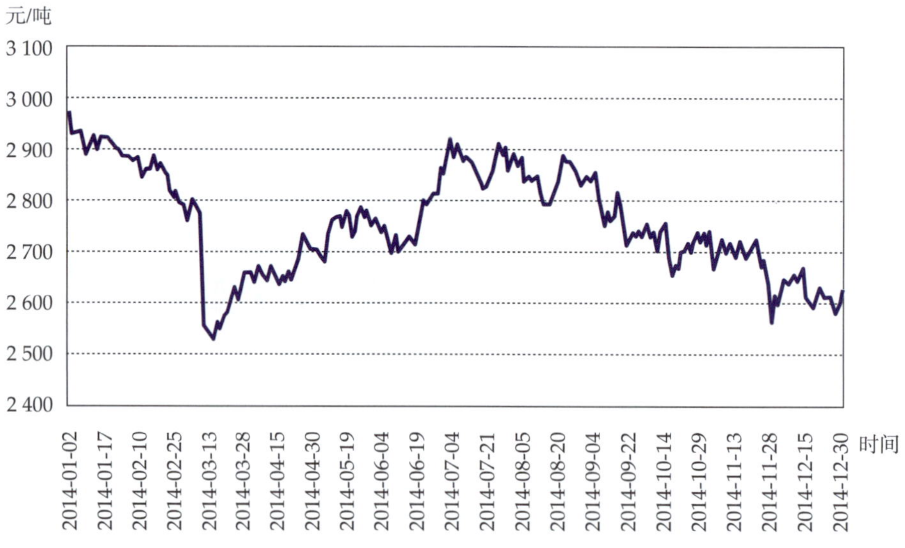

数据来源：上海期货交易所。

图7-4 2014年上海期货交易所有色金属指数走势

10个，全部集中在12月份。持仓量全年稳步攀升，在11～12月也有更快速的增长，12月15日持仓量创历史新高24.96万手。

沪深300股指期货交易保证金、持仓限额、套保套利等业务规则不断优化，运行效率和质量进一步提升，市场功能有效发挥。2014年，股指期货价格运行平稳，期现价差总体处于合理水平，期现价格相关性高达99.91%，基差为正（期货价格高于现货价格）的交易日有 127天，占比52%，负基差主要出现在3～9月的期指震荡下行期间。2014年，股指期货波动率1.21%，较2013年减少0.19个百分点；成交持仓比降低至5.4，同比下降36.2%。

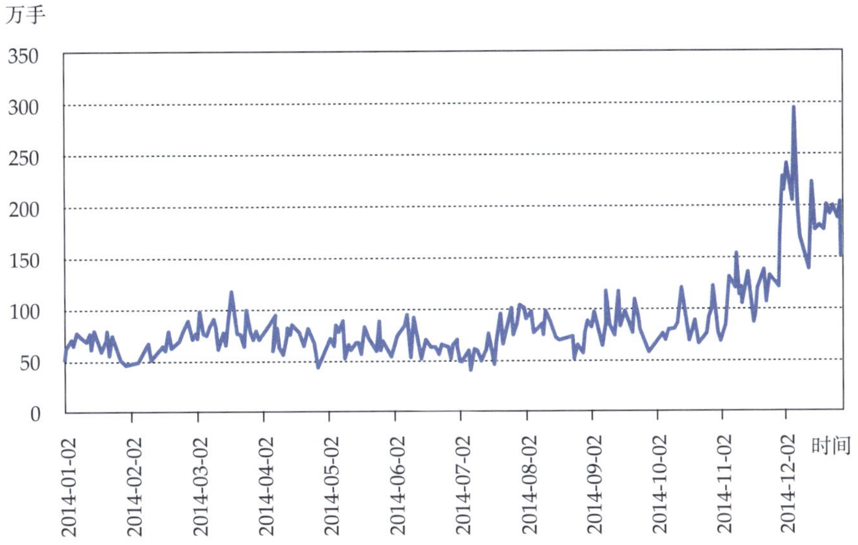

数据来源：中国金融期货交易所。

图7–5 2014年沪深300股指期货日成交量

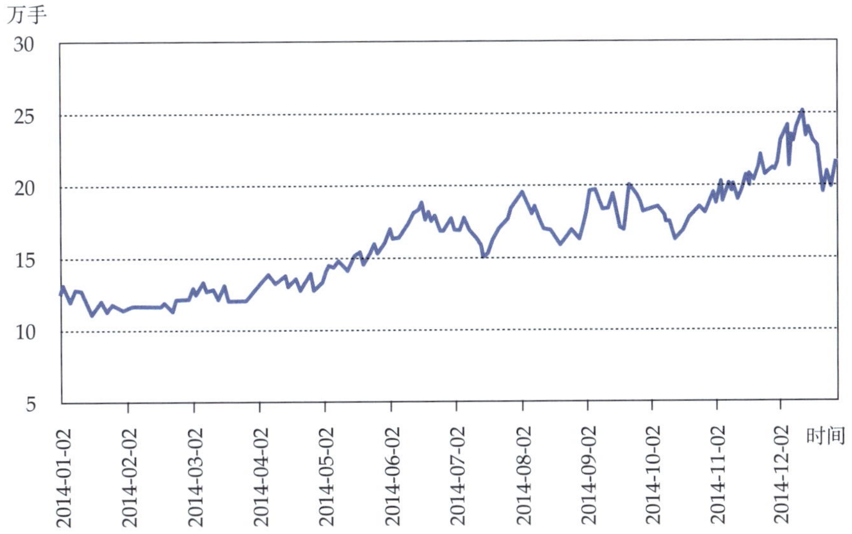

数据来源：中国金融期货交易所。

图7–6 2014年沪深300股指期货日持仓量

2. 国债期货交易平稳发展，持仓量明显上升

2014年，国债期货成交持仓稳步增长。随着投资者对国债期货理解和参与程度的不断加深，以及市场交易成本的逐步降低，国债期货市场规模较上市初期有了明显增长。全年国债期货成交量为92.29万手，日均成交3 767手，成交金额为8 785.17亿元，日均成交35.86亿元。2014年12月，国债期货日均成交和持仓规模分别达到10 976手和22 630手，分别是2013年12月的3.83倍和7.03倍。2014年国债期货平均成交持仓比为0.40，接近成熟市场水平，投资者参与较为理性。

国债期货市场流动性不断提高。随着国

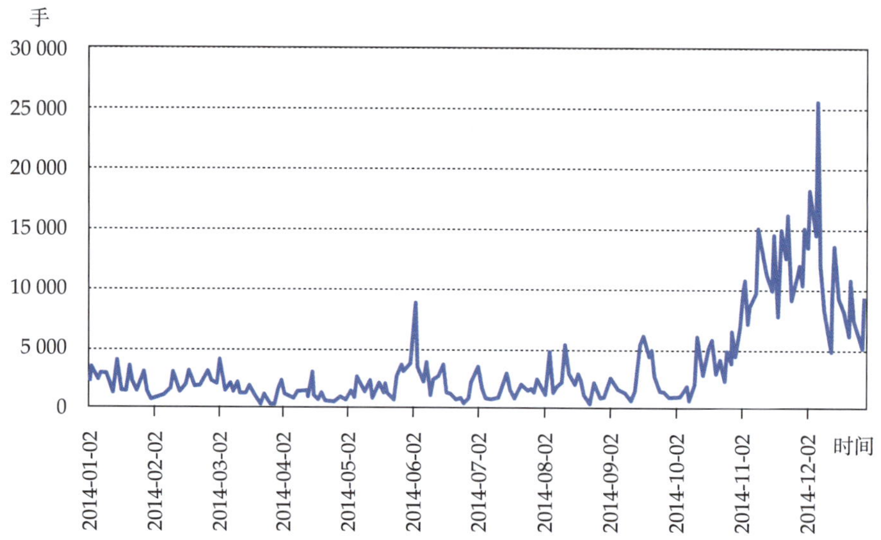

数据来源：中国金融期货交易所。

图7-7 2014年5年期国债期货每日成交量

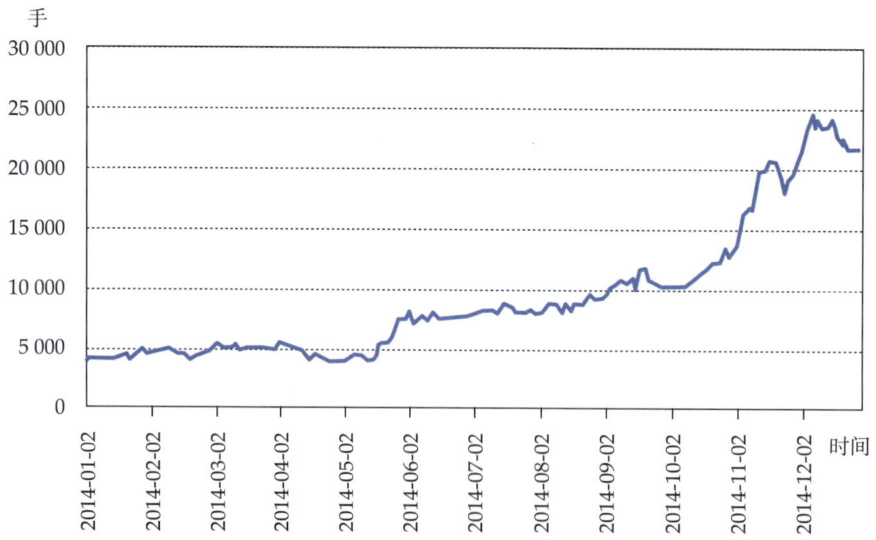

数据来源：中国金融期货交易所。

图7-8 2014年5年期国债期货每日持仓量

债期货市场规模稳步增长，市场流动性水平有所改善。从平均买卖价差来看，2014年1～12月，国债期货买卖价差由0.0118元下降到最低0.0078元，买卖价差相对于最小变动价位的倍数由5.8倍下降到最低3.9倍，买卖报价深度有所提高。

5年期国债期货丰富了金融机构管理利率风险的手段，成交持仓稳步增长，市场功能与影响力初步显现。同时，国债期货流动性不断提高，成为国债价格发现的主要工具，对健全反映市场供求的国债收益率曲线具有积极作用。

二、期货市场运行的特点

（一）商品期货品种数量稳步增加，产品序列进一步丰富

2014年，中国商品期货市场共上市交易5个新品种，分别为大连商品交易所的聚丙烯期货和玉米淀粉期货、上海期货交易所的热轧卷板期货、郑州商品交易所的晚籼稻期货和铁合金期货（硅铁和锰硅），进一步丰富了化工产品、钢铁产业和农产品的期货品种序列，有利于完善有关产品的价格形成机制，发挥期货市场引导生产、规避风险的积极作用，促进相关行业平稳健康发展。截至2014年末，5个商品期货新品种合计成交量为2 728.97万手，合计成交金额为1.29万亿元。

（二）原油期货交易获批，产品创新迈进国际化新阶段

2014年12月12日，中国证监会发布消息，批准上海期货交易所在其国际能源交易中心开展原油期货交易。上市原油期货是贯彻落实党的十八届三中全会精神和《国务院关于进一步促进资本市场健康发展的若干意见》的重要举措。发展原油期货市场，有利于完善我国石油市场体系，有利于促进形成市场化的原油价格机制，有利于稳定石油行业生产经营，助推我国石油流通体制改革。上市原油期货是我国期货市场对外开放的重要尝试。原油期货作为我国第一个国际化的期货品种，将建设国际化交易结算平台，全面引入境内外交易者和经纪机构，提升我国期货市场的国际化水平。

（三）金融期货机构参与进程加快，市场功能进一步发挥

从股指期货市场来看，随着投资者套期保值对冲意识不断增强，资产管理机构中性产品发行规模大幅增加，各类机构参与进程加快。2014年底，特殊法人客户日均持仓量达到6万手，较2013年增长80.8%。作为多头套期保值的主要力量，以基金管理公司和信托公司为代表的资产管理机构持仓量持续增长，已占机构总持仓量半数。参与程度较高的12家证券公司，其大盘蓝筹股持仓比例由不足30%增至50%，促进了股票市场稳定运行。与此同时，国债期货上市以来，机构投资者参与的广度和深度也在不断提高。从国债期货交易情况来看，2014年，法人客户日均成交占全市场的比例为28.72%，较2013年提高14.07%；从持仓情况来看，2014年底，法人客户持仓占全市场的比例为62.64%，较2013年底提高了24.47%，在国债期货持仓前10名客户中，法人客户有8名。机构投资者的积极参与增强了国债期货市场的流动性。与国债现货二级市场相比，期货的日均成交量是相近期限现券交易的两倍以上，价格发现功能进一步得到体现。

三、期货市场制度与基础设施建设

（一）推进期货经营机构创新发展

2014年9月16日，中国证监会发布《关于进一步推进期货经营机构创新发展的意见》，制定了今后一段时期推进期货经营机构创新发展的总体原则和具体措施。《意见》重点提出了八大举措：一是大力提升服务实体经济能力；二是努力增强期货经营机构竞争力；三是适时放宽行业准入；四是探索交易商制度，培育专业交易商队伍；五是逐步推进期货经营机构对外开放；六是稳步发展场外衍生产品业务；七是加强投资者保护；八是加强风险防范。8月26日，中国期货业协会公布《期货公司设立子公司开展以风险管理服务为主的业务试点工作指引(修订)》，明确有关试点工作按照“市场化”和“试点先行、循序渐进、稳步推进”的原则，由中国期货业协会以自律监管的方式予以规范。12月4日，中国期货业协会公布《期货公司资产管理业务管理规则（试行）》（以下简称《规则》），明确期货公司及其子公司可以为单一客户办理资产管理业务和为特定多个客户办理资产管理业务。12月15日，作为《规则》的配套政策，《期货公司资产管理业务申报材料规范》、《关于期货公司资产管理计划备案有关事项的通知》和《关于修订〈期货公司资产管理业务统一开户操作指引〉暨做好资产管理业务开户工作的函》由中国期货业协会、中国证券投资基金业协会和中国期货保证金监控中心联合发布。

（二）加强和完善期货公司监督管理

2014年10月29日，中国证监会发布《期货公司监督管理办法》（以下简称《办法》），是新形势下响应国务院简政放权的要求，贯彻监管转型精神，加强对期货公司事中事后监管，提升期货公司服务能力和国际竞争力的一项重要举措。《办法》主要包括以下方面的内容：一是对行政审批项目取消及下放的相关内容作出规定，明确期货公司需审批的股权变更事项以及部分已取消审批事项的备案要求。二是降低准入门槛，优化期货公司股东条件。将期货公司股东范围由中国法人扩大到单位和自然人；明确自然人股东资格条件，优化非自然人股东的资格条件。三是完善期货公司业务范围。将期货公司可从事的业务划分为公司成立即可从事的业务、需经核准业务、需登记备案业务以及经批准可以从事的其他业务四个层次，并为未来牌照管理和混业经营预留空间。四是明确期货公司多元化经营的相关要求。明确风险隔离和利益冲突防范方面要求，并对期货公司业务部门及岗位设置要求作出调整。五是完善监管制度，着力维护投资者合法权益。六是强化期货公司信息披露义务。七是完善期货公司监管措施与法律责任。八是配合境外交易者从事特定品种期货交易作出相应制度安排。如放宽对于客户开立期货账户的限制，为原油期货市场引入境外客户扫清制度障碍。九是明确期货公司引进境外股东和设立境外机构的相关规定。

（三）扩大期货保税交割试点范围

继2010年12月上海期货交易所开展铜、铝保税交割试点之后，2014年4月18日，大连商品交易所也正式启动了期货保税交割试点。根据大连商品交易所《关于开展期货保税交割业务试点的通知》和《关于公布施行〈大连商品交易所保税交割实施细则（试行）〉的通知》，保税交割试点品种为线型低密度聚乙烯（LLDPE），试点区域为天津东疆保税港区，指定保税交割仓库为厦门速传物流发展股份有限公司，自2014年5月19日起，接受并办理期货保税标准仓单相关业务申请。作为国内期货市场国际化的重要一步，保税交割是最重要的起点之一。保税交割的开展有利于吸引更多产业客户以及国际投资者参与交易、交割，能够有效地提高市场辐射影响力，加快推动期货市场的国际化进程。

（四）增加期货市场连续交易品种

为加快期货市场创新步伐，增强国内期货市场服务客户的能力，促进市场功能发挥，上海期货交易所率先于2013年7月推出期货市场连续交易试点，选择黄金和白银作为标的。同年12月10日，上海期货交易所对连续交易进行扩展，增加了铜、铝、铅、锌四个品种连续交易。2014年，我国期货市场连续交易品种不断增多。7月4日，大连商品交易所推出了棕榈油和焦炭的连续交易。郑州商品交易所自12月12日起开始连续交易，品种为白糖、棉花、菜粕、甲醇和PTA。12月26日，上海期货交易所继续扩容连续交易品种至螺纹钢、热轧卷板、天然橡胶和石油沥青，大连商品交易所也在同日推出了第二批夜盘品种豆粕、豆油、黄大豆一号、黄大豆二号、焦煤和铁矿石。截至2014年底，三家商品期货交易所共计23个品种参与连续交易，市场活跃度明显提升。以上海期货交易所为例， 截至2014年10月，黄金、白银、铜、铝、铅、锌6个品种连续交易成交量占这些品种总成交量的54.2%，其中白银期货占比最高，达到65%，黄金期货占比也高达62%。盘后价格跳空明显收窄，黄金期货日均价格跳空幅度较2013年同期减小了50%，白银期货日均价格跳空幅度较2013年同期减小了60.75%。相关品种的国际影响力逐渐增强。目前，上海白银期货成交量已跃居全球首位，上海黄金期货成交量稳居全球第二位、亚太地区首位，贵金属期货市场的中国价格正在逐步形成。

（五）改进期货交易保证金制度

为降低投资者交易成本，上海期货交易所、中国金融期货交易所等向市场创新推出了单向大边保证金制度。单向大边保证金制度将投资者的同品种持仓视为一个投资组合，对同一客户在同一会员处的同品种双向持仓直接按照保证金金额较大的一边收取交易保证金，这一算法在风险可控的前提下能够有效提高投资者的资金效率。同时，在交割风险控制方面，延续现有的对交割月份合约进行特殊规定，对交割月份合约在最后5个交易日不参加单向大边折抵，维持原有双向计算保证金。单向大边保证金制度符合目前国际各交易所采用的基于投资组合计算保证金的发展方向，在实现有效控制风险的同时，最大限度地提高交易者资金的利用效率。有关制度实施在降低投资者交易成本、激励跨期套利交易等方面的积极作用已经显现。以中国金融期货交易所为例，自10月27日以来，从全市场保证金优惠总量来看，沪深300股指期货和5年期国债期货日均保证金优惠量已经分别由实施初期约9亿元和900万元，稳步增加至21亿元和1 300万元。从跨期套利交易来看，沪深300股指期货和5年期国债期货的双向持仓客户数量分别由实施初期的约1 500个和60个，稳步增加至2 500个和80个；双向持仓量分别由实施初期的4.3万手和3 000手，增加至8.3万手和5 000手。

四、期货市场的发展展望

2015年，平稳推出原油期货、上证50ETF期权和10年期国债期货等新产品、新工具，逐步丰富商品期权、股指期货和股指期权等品种，平稳有序发展金融衍生产品，推动场外衍生产品市场发展。健全商品期货、金融期货市场价格形成机制，支持期货经营机构业务产品创新，更好地支持实体经济风险管理需求，深入发挥期货市场功能。鼓励更多机构投资者参与期货交易，大力发展私募期货基金，支持公募基金、基金专户、证券与保险资产管理公司资产管理计划依法开展各种场内与场外衍生产品投资。加强市场基础设施建设，落实有关国际组织联合发布的《金融市场基础设施原则（PFMI）》，采取更多的市场化和科学化的风险管理手段，完善我国证券期货市场交易结算体系。持续推进《期货法》立法工作，系统梳理期货市场规则体系，为市场发展提供良好的法规保障。配合资本市场双向开放和上海自贸区发展战略，稳步推进期货市场对外开放取得新进展。

专题六 中国金融期货交易所实施国债作为国债期货保证金业务

2014年12月26日，中国金融期货交易所（以下简称中金所）发布并实施修订后的《中国金融期货交易所结算细则》（以下简称《结算细则》），宣布从2015年1月1日起，在国债期货产品开展国债作为期货保证金业务试点。

一、国债作为国债期货保证金概况

为提高投资者的资产使用效率，降低交易成本，提升市场效率，中金所开展了国债作为期货保证金业务。按照《期货交易管理条例》规定，保证金是指期货交易者按照规定交纳的资金或者提交的价值稳定、流动性强的标准仓单、国债等有价证券。国债有着价值稳定透明、易于测定、流通性较好的特点，以其作为期货保证金是国际市场上的通行做法。我国商品期货交易所都已接收各自产品的标准仓单作为期货保证金。目前，允许国债作为国债期货保证金符合我国期货市场法规体系。

开展国债作为期货保证金业务的核心问题是业务模式选择。目前，《中华人民共和国物权法》、《中华人民共和国担保法》等相关法律和期货市场的分级结算体系安排，业务发展初期，采取分步推进国债作为期货保证金业务的试点方式较为合理。当前，中金所与中债登的业务操作方案包括：客户以本人身份的国债托管账户参与国债作为期货保证金业务，交易所、交易所的会员在国债托管机构开立专用国债托管账户，对作为期货保证金的国债进行专户管理。国债的交存按照“分步处理、逐层进行”原则进行，国债的提取实行“原路径返回”。作为期货保证金的国债遇到付息的，国债所生孳息归客户所有，孳息由托管机构直接划付给客户。会员应当在国债到期日之前办理提取或解除质押手续。违约处置时，首先将相关国债转移过户至权利人国债托管账户，再由权利人进行处置，处置所得价款用于清偿违约方的保证金债务。国债作为期货保证金业务不涉及税收问题。国债作为期货保证金业务涉及期货交易所和托管机构收取的相关费用，期货交易所与国债托管机构通过业务系统对接进行必要的数据交互。

二、国债作为国债期货保证金的风险控制制度

有价证券作为期货保证金业务中面临着有价证券的价值波动风险、流动性风险、违约风险等诸多风险，因而境内外交易所在开展有价证券作为期货保证金业务时都必须建立严格的风险控制制度。从有利于期货市场长期健康发展考虑，我国开展国债作为期货保证金业务也应设计完善包括可接收的有价证券范围、盯市估值、折扣比率、现金配比及最低限额等的风险控制制度，保障该项业务的平稳运行。目前，中金所建立的风险控制制度包括：一是可接收的有价证券范围规定为中华人民共和国财政部在境内发行的记账式国债。二是为防范风险积累，中金所每日按照两家国债托管机构估值数据的较小值作为国债盯市的基准计算价值。三是为预防国债的价格波动风险，规定国债作为期货保证金的金额不得高于国债基准计算价值的80%。四是设定适当的现金配比，规定国债作为期货保证金的金额不得超过货币资金的4倍。五是参考金融期货投资者适当性制度安排，规定投资者每次提交的国债面值不得低于100万元人民币。

在实际运行过程中，国债作为期货保证金制度不会对当前市场造成负面影响。从国内商品期货交易所仓单充抵期货保证金业务规模，以及我国台湾期货交易所和香港交易所的业务开展情况看，商品期货交易所仓单充抵金额不到全部保证金的5%，台湾期货交易所和香港交易所的保证金中以债券缴纳的也在5%以下。2014年底，中金所的日均交易保证金在400亿元左右，按照其中的5%以国债缴纳估算，总资金规模约为20亿元。考虑到投资者参与国债作为期货保证金业务是一个从无到有、从小到大的发展过程，这一资金规模将更小。因此，引入国债作为期货保证金制度不会对当前市场造成大幅冲击。

三、推出国债作为期货保证金业务的意义

从境外市场成功经验来看，国债作为期货保证金，对于促进期货市场价格发现与风险管理功能发挥都有显著作用。一方面，可以提高投资者的资产使用效率，降低期货交易成本，有利于提高期货市场的流动性，促进期货价格发现功能的发挥；另一方面，能够让持有国债的投资者更加便利、高效地进行资产风险管理，有利于期货套期保值功能的发挥。近年来，我国期货市场发展态势良好，运行质量和效率不断提升，正处于由量的增长向质的提升转变的关键时期。现阶段，开展国债作为

期货保证金业务，有助于进一步提升期货市场的运行效率和竞争力，对于期货市场下一步改革、创新和发展具有积极作用。同时，开展国债作为期货保证金业务，可以拓展国债的使用范围，盘活存量国债，有利于提高国债二级市场流动性，有助于进一步健全反映市场供求关系的国债收益率曲线。

第八章　金融衍生产品市场

2014年我国金融衍生产品市场规模继续稳步增长，市场交易活跃。人民币利率互换交易名义本金创历史新高，交易短期化趋势加强，市场创新不断深化；汇率衍生产品交易规模首次超过即期，期权市场交易大幅增长，汇率风险管理工具日益丰富；信用衍生产品市场呈现逐步回暖态势。外币对衍生产品市场成交显著下降。

一、人民币利率衍生产品市场

（一）人民币利率衍生产品的运行情况

截至2014年末，银行间人民币利率衍生产品累计成交4.03万亿元，同比增长48.0%，全部为人民币利率互换，债券远期和远期利率协议无成交。

截至年末，人民币利率互换市场未平仓合约名义本金总计3.8万亿元（单边计算），环比增长1.3万亿元。从月成交金额看，9月、11月月成交金额增幅较明显，环比分别增长31%和51%，12月成交金额继续增长，达5 465亿元，创单月成交金额历史新高。

从期限结构上看，利率互换仍以短期交易为主。1年期及1年期以下交易名义本金额达3.2万亿元，占总成交量的78.9%，较2013年同期上升3.3个百分点；1～5年期和5～10年期交易分别占比11.2%和9.9%。从参考利率看，利率互换浮动端主要参考利率包括7天回

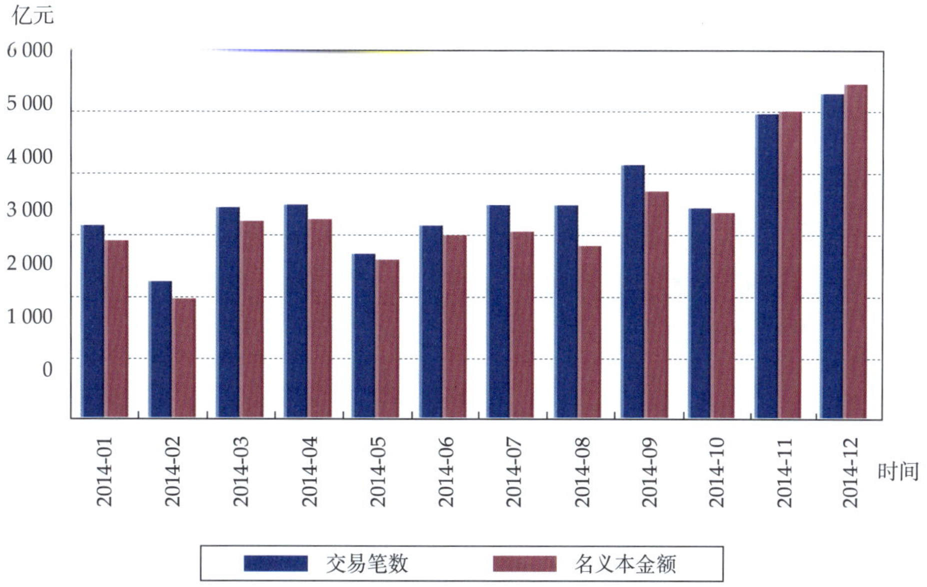

数据来源：中国外汇交易中心。

图8-1　2014年利率互换月度成交量

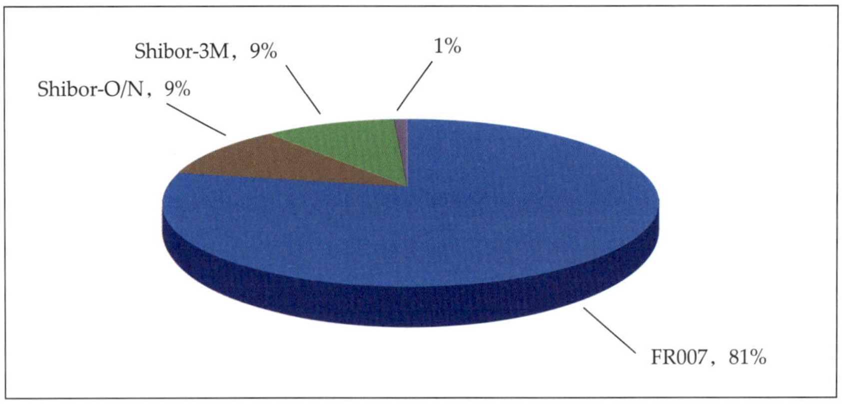

数据来源：中国外汇交易中心。

图8-2 2014年利率互换浮动端参考利率占比

购定盘利率（FR007），成交占比为81.1%；Shibor利率（包括隔夜和3个月Shibor利率），成交占比为18.2%；人民银行公布的基准利率，成交占比为0.7%。与2013年相比，以FR007为浮动利率参考的互换占比上升明显，Shibor利率和人民银行公布的基准利率占比则进一步下降。在利率互换市场，外资银行为成交主力，占全部成交量的48.5%，其次是中资的股份制商业银行、城市商业银行、大型商业银行、证券公司和政策性银行，成交量分别占总成交量的26.7%、7.2%、6.1%、5.1%和5.0%。

截至2014年底，利率互换交易的备案机构达到118家，较2013年底增加了11家，涵盖银行类金融机构、证券公司、保险机构和其他类型机构；共有90家机构签署利率互换确认功能使用承诺函，较2013年底增加了13家。远期利率协议市场共有57家机构完成制度备案，以银行类金融机构和证券公司为主。

（二）人民币利率衍生产品市场运行的特点

1. 人民币利率互换交易恢复增长

2014年，人民币利率互换交易名义本金突破4万亿元，达到40 347亿元，较上年增加13 069亿元，增长48%。自2006年推出人民币利率互换以来，交易量迅速增加，8年来名义本金从355.7亿元增加到40 347亿元，年均复合增长率达到81%。

2. 人民币利率互换曲线大幅下行

受银行间市场流动性整体较为充裕、货币市场利率中枢明显下移以及市场宽松预期等因素影响，2014年互换利率全线震荡下行。尤其短期利率下降速度较快，主要期限利差先扩大后缩小。以成交量占比最高的FR007-IRS为例，4月中旬以前1年期互换利率的运行区间在4%～5%，此后缓步下降至3%～4%，11月中旬进一步下降至3%以下，年底随着资金趋紧，利率再度走升至3%以上。5年期和1年期利差从年初的4个基点逐步扩大至7月的50个基点，达年度最高，随后利差逐步收敛，至12月底利差在12个基点左右。总体来看，年底互换曲线形态较年初陡峭化。

3. 集中清算量持续增加

7月1日，为落实人民银行关于人民币利率互换集中清算的要求，加强市场风险的集中管理，上海清算所同步配套推出人民币利

数据来源：中国外汇交易中心。

图8-3　2014年FR007-IRS1年期与5年期固定端利率走势及利差

率互换代理清算业务。2014年提交集中清算的人民币利率互换交易累计24 507笔，名义本金合计23 049.77亿元，其中，下半年提交22 804.57亿元，占98.94%。全年纳入集中清算的交易占人民币利率互换交易的57%。特别是下半年以来，日均集中清算量逐月稳步增长，12月日均集中清算量达到242.30亿元。

4. 市场创新不断深化

国际金融危机以后，为提高场外衍生产品市场透明度、降低系统性风险，国际监管机构呼吁对场外衍生产品市场进行改革，并就推进标准化、电子化交易、建立交易报告库和实施中央对手方清算等措施达成一系列共识。2014年，我国利率衍生产品市场在电子化交易、衍生产品标准化和强制集中清算方面获得重大进展，顺应了国际衍生产品市场监管改革潮流。一是推出了基于双边授信的撮合交易平台X-Swap，这是继推出衍生产品电子化交易确认、交易冲销以及利息计算服务后，利率衍生产品市场的又一项市场机制创新。截至2014年底，X-Swap上已有51家主要市场机构参与报价交易，总成交5 939笔，名义本金4 090.4亿元，市场占比15.2%（按交易笔数计）。二是推出标准利率衍生产品。标准利率衍生产品对利率互换、远期利率协议等利率衍生产品的到期日、期限等产品要素进行了标准化设置，是对现有利率互换产品的补充和完善，为金融机构管理利率风险提供了更加便利的工具。标准利率衍生产品上市交易以来，各市场成员踊跃参与。2014年，标准利率衍生产品成交211笔，共计413亿元。

二、人民币汇率衍生产品市场

（一）人民币汇率衍生产品的运行情况

2014年，人民币外汇衍生产品市场共成交28.9万亿元人民币，同比增长36.0%，增速

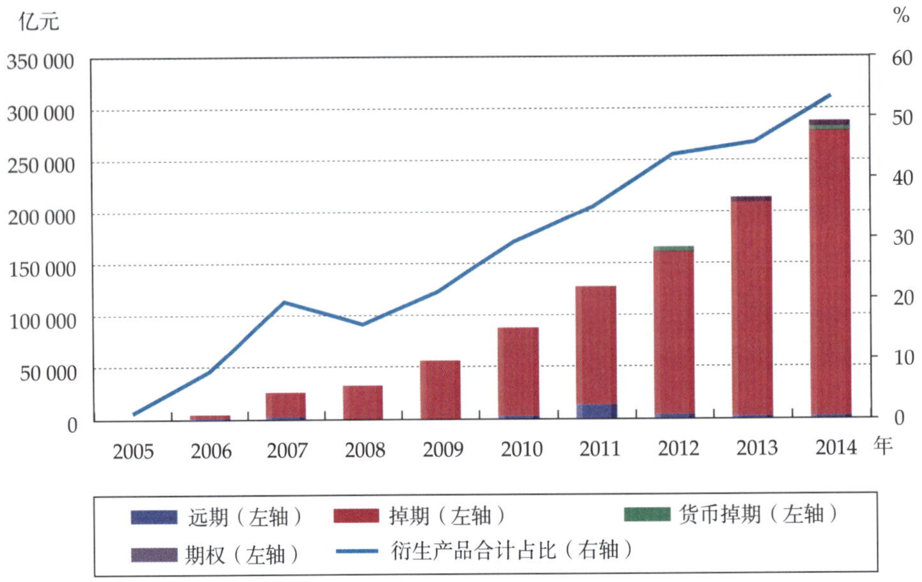

数据来源：中国外汇交易中心。

图8-4　人民币外汇衍生产品市场成交水平

较上年提高7.2个百分点。其中，人民币外汇掉期市场成交27.7万亿元人民币，同比增长32.5%；人民币外汇期权市场成交8 020.1亿元人民币，同比增长501.8%；人民币远期市场成交3 274.4亿元人民币，同比增长64.7%；人民币外汇货币掉期成交619.9亿元人民币，同比增长314.8%。

2014年，人民币对美元即期汇率有所走弱，外汇掉期点则持续扩大，1年期掉期点从1月的200多点升至6月的800多点，12月进一步升至1 500点以上，1月等短期限掉期点也从年初的30余点升至年末的200余点。3个月、

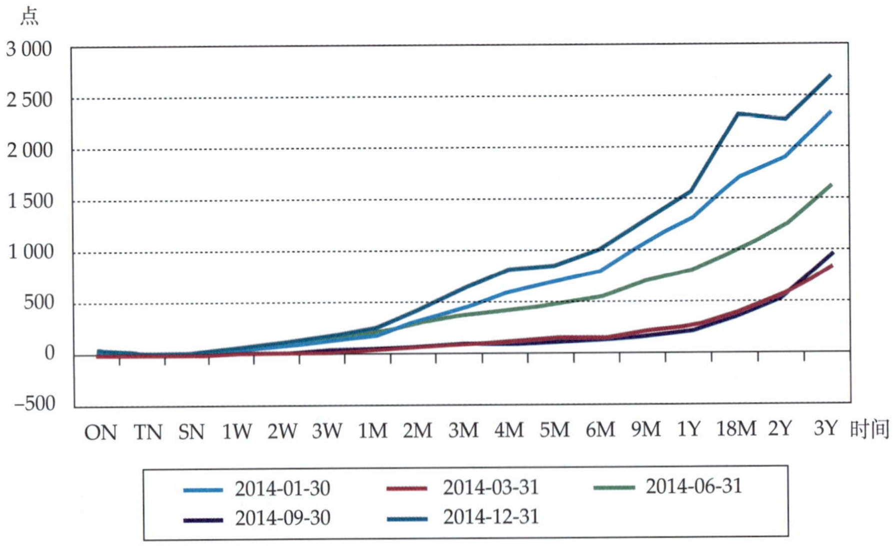

数据来源：中国外汇交易中心。

图8-5　人民币对美元掉期点曲线

6个月、2年、3年等各期限掉期点年内均显著扩大，整条掉期点曲线明显上行。

全年各期限期权波动率均有1.5个百分点以上的上升，1周至1年期限期权波动率从年初的1.26%～1.74%上升至年末的2.76%～4.27%。这与即期汇率今年以来的双向弹性增强的特征基本一致。

（二）人民币汇率衍生产品市场运行的特点

1. 汇率衍生产品交易首次超过即期

2014年，人民币外汇衍生产品在整个人民币外汇市场上的比重进一步提高，从2006年的8.0%升至2013年的45.9%和2014年的53.2%，汇率衍生产品成交首次年度过半，这一特征已接近国际外汇市场产品格局。国际清算银行2013年的数据显示，全球外汇市场上衍生产品与现货交易之比为1.0：0.6，我国银行间外汇市场2014年这一比值为1.0：0.9，汇率衍生产品成交首次年度超过即期交易。

2. 期权市场交易大幅增长

2014年以来，即期汇率双向波动显著，汇率预期分化。主管部门8月放宽了零售市场客户买卖及组合期权的管理，外汇期权交易迅速增长，第四季度各月期权交易均超过千笔、千亿元。今年期权成交8 020.1亿元，其中下半年以来交易7 205.9亿元。实际参与期权交易的机构数量从2013年的24家增至2014年的30家。从期权交易的类型来看，看涨和看跌人民币期权成交水平大体相当。

3. 衍生产品市场隐含贬值率有所扩大

分别以境内外即期汇率为参照，考察境内外人民币对美元1年期远期汇率和NDF汇率的隐含升贬率，2014年3月以后，随着即期汇率的显著走弱，衍生产品价格的隐含贬值率持续扩大，从0～1.0%区间扩大到年末的1.9%～2.6%区间，较上年末增大0.9～1.6个百分点。

4. 美元隐含利率持续下降

基于人民币对美元掉期价格、参照即期

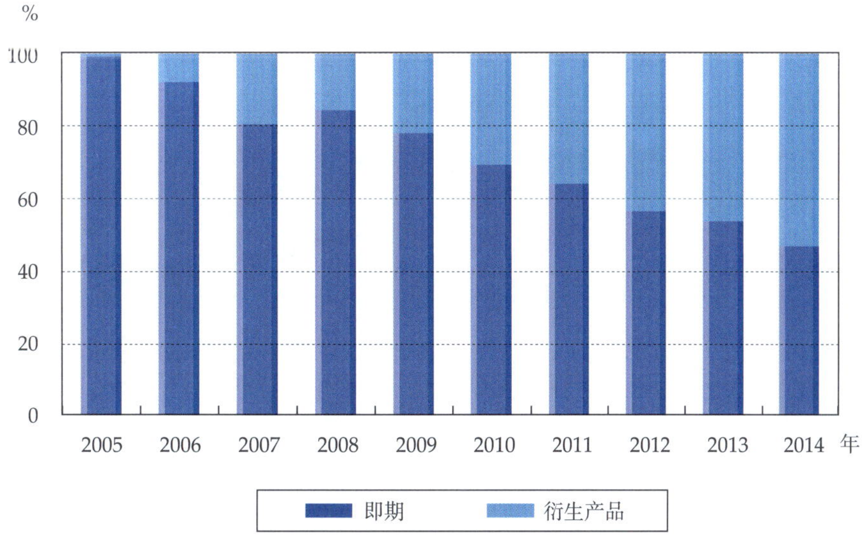

数据来源：中国外汇交易中心。

图8–6　银行间外汇市场即期和衍生产品交易格局

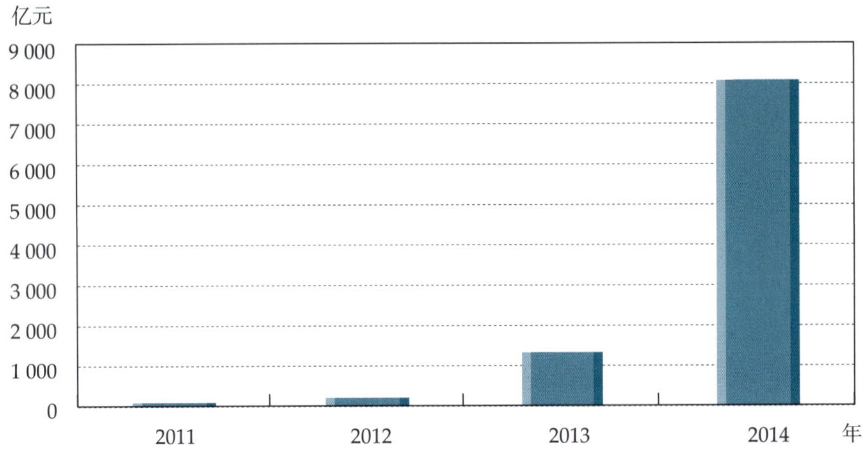

数据来源：中国外汇交易中心。

图8-7　人民币汇率期权市场的增长

报价和人民币FR007利率计算的境内市场美元隐含利率2014年以来持续下行，部分期限美元隐含利率甚至趋近零或者为负。1周至1年期限利率从年初的3.6%～4.5%区间持续降至年末的-1.4%～0.7%区间，各期限美元利率年降幅在4～6个百分点不等。境内美元利率的下行，既与本币利率总体下移的趋势一致，也与衍生产品汇率小幅走贬的特征相符，与货币经纪渠道美元拆借利率年内下降的特征同样吻合。

5. 外汇衍生产品清算量显著增长

从2014年11月3日起，上海清算所正式推出外汇中央对手清算业务，涵盖外汇即期、远期和掉期3个产品。这使得清算业务量迅

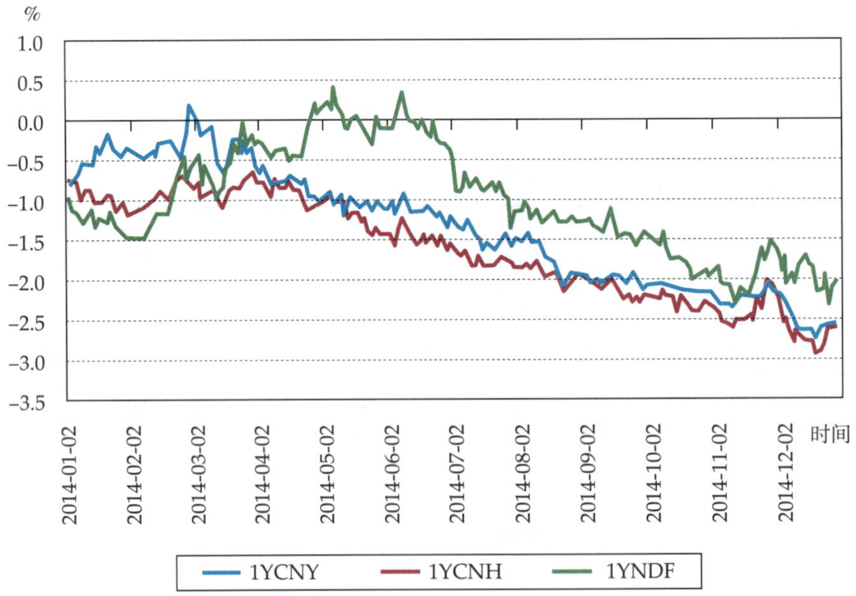

数据来源：中国外汇交易中心，路透。

图8-8　境内外衍生产品汇率隐含升贬率

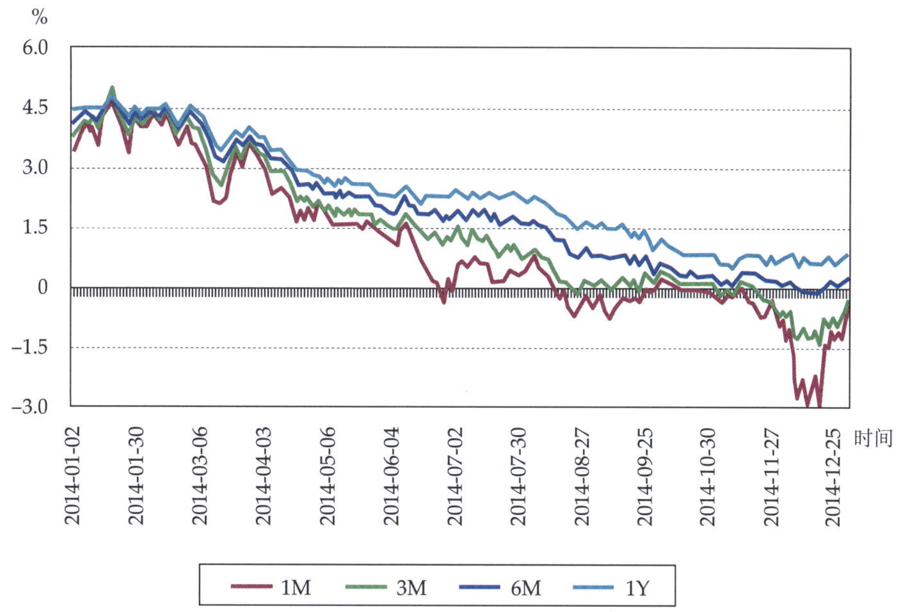

数据来源：中国外汇交易中心。

图8–9 境内市场衍生产品隐含美元利率

速增长，尤其是外汇远期和掉期清算量有大幅增长。集中清算的人民币外汇衍生产品包括人民币外汇掉期询价和人民币外汇远期询价。2014年全年，外汇掉期共计清算6 341笔、2 429.48亿美元，其中，整合外汇中央对手清算模式之后的清算量占比67.3%；远期共计清算190笔、39.90亿美元，其中，整合外汇中央对手清算模式之后的清算量占比80.8%。

三、其他金融衍生产品市场

（一）信用风险缓释工具市场的运行情况

2014年，CRM（Credit Risk Mitigation Instrument）市场呈现逐步回暖态势。11月新达成一笔CRMA交易，名义本金1亿元，期限1年。截至2014年末，自CRM产品推出以来，已有16家交易商累计达成了47笔CRMA交易，名义本金合计40.4亿元，标的债务类型包括短期融资券、中期票据、中小企业集合票据和银行贷款，涵盖十余个不同的标的实体。截至2014年末，共有6家CRMW创设机构累计创设登记发行9只CRMW，名义本金合计7.4亿元，标的债务类型包括短期融资券和中期票据，期限在1年左右。2014年，无新创设的CRMW，二级市场上也未发生新的CRMW交易。

截至2014年末，共有47家市场成员备案成为CRM交易商，较上年末增加1家，其中包括33家中外资商业银行、12家证券公司、1家金融资产管理公司和1家其他类型机构；共有26家市场成员备案成为CRM核心交易商，较2013年末无变化，包括24家中外资商业银行和2家证券公司；30家市场成员备案成为CRMW凭证创设机构，其中包括22家中外资商业银行、7家证券公司和1家其他类型机构。

2014年以来，我国经济下行压力加大，

部分领域或地区的金融风险比较突出，债券“零违约”的现象被打破，公司债已发生实质支付违约事件。债券市场信用风险增大，传统的授信等静态的信用风险管理方式已无法满足市场发展的需要，采用CRM等信用衍生产品以更加积极主动地管理信用风险已逐步成为市场参与者的共识。此外，银监会于今年4月核准了第一批银行（共6家）实施内部评级法，为CRM资本缓释功能的发挥奠定了政策基础①。在此背景下，为推动CRM市场进一步发展，交易商协会经前期充分调研，决定在原有CRM“2+N”的产品框架下推出满足市场需求和监管规则要求的新产品。交易商协会于2014年10月邀请市场业务和法律专家成立了CRM产品工作组，起草相关文件制度，推动新产品顺利上线。此外，交易商协会一直努力推动CRM市场参与主体的扩容，经与监管部门沟通，证监会于2014年7月启动了批准试点证券公司开展CRM卖出业务的相关程序，并批准中金公司、中信证券和中信建投三家证券公司开展CRM卖出业务。

（二）外币对衍生产品市场的运行情况

2014年，银行间外币对衍生产品市场成交显著下降，共完成交易156.7亿美元，同比下降47.1%。其中，外币对远期成交44.7亿美元，同比增长27.0%；外币对掉期成交112.1亿美元，同比下降57.1%。

2014年，USD/HKD、EUR/USD和USD/JPY仍然是外币对衍生产品市场交易量最大的货币对，全年分别成交69.8亿美元、58.0亿美元和18.1亿美元，3个货币对合计在外币对衍生产品市场成交中占比93.0%，较上年提高1.1个百分点。不过，3个货币对年度环比份额出现一定变化，EUR/USD份额较上年下降15.5个百分点，USD/HKD份额则上升15.6个百

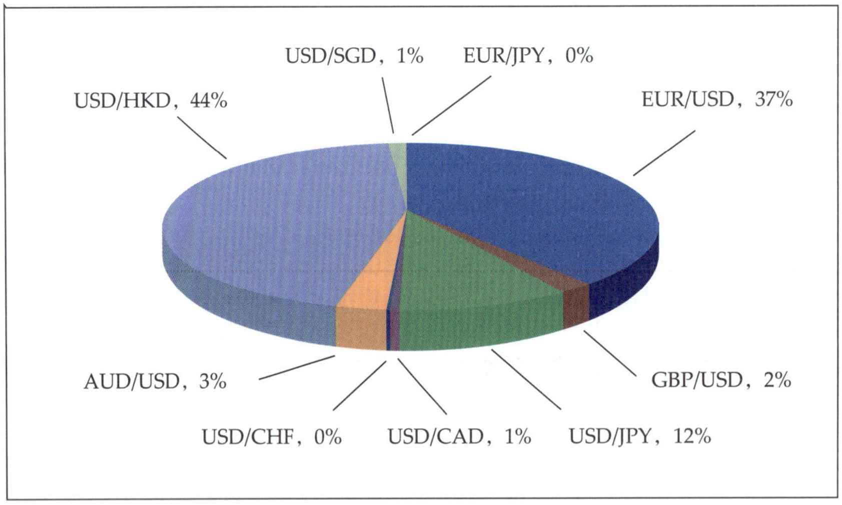

数据来源：中国外汇交易中心。

图8-10 2013年外币对衍生产品市场币种构成

①此前，根据《商业银行资本管理办法（试行）》中相关要求，采用内部评级法的商业银行可用合格信用衍生产品缓释资本，今年以前没有银行被核准采取内部评级法，导致CRM信用风险缓释功能难以得到监管层认可。今年4月，银监会核准工商银行、农业银行、中国银行、建设银行、交通银行、招商银行6家银行实施内部评级法，这些机构原则上可利用合格信用衍生产品缓释监管资本，提高资本利用效率。

分点。

（三）航运和大宗商品衍生产品市场的运行情况

2014年,人民币远期运费协议价格出现较大波动，尤其是CTC价格受所承运货物市场需求的影响波动较大；铁矿石进入结构性过剩的阶段，在经历了年初的震荡后一路走低；动力煤价格重心继续下移，季节性需求因素依旧表现明显。

经中国人民银行批准，上海清算所于2014年8月4日起推出人民币铁矿石、动力煤

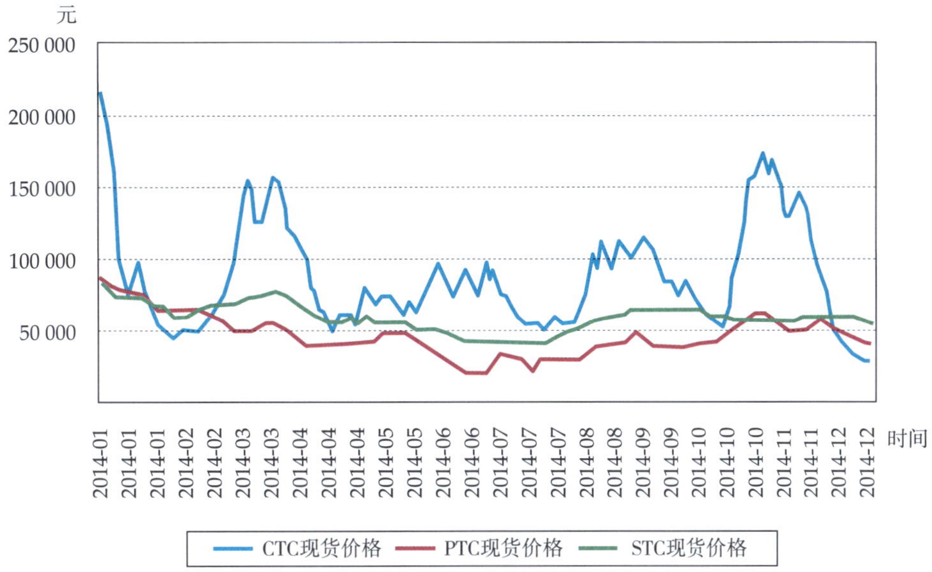

数据来源：上海清算所。

图8-11　人民币远期运费协议（FFA）现货价格出现较大波动

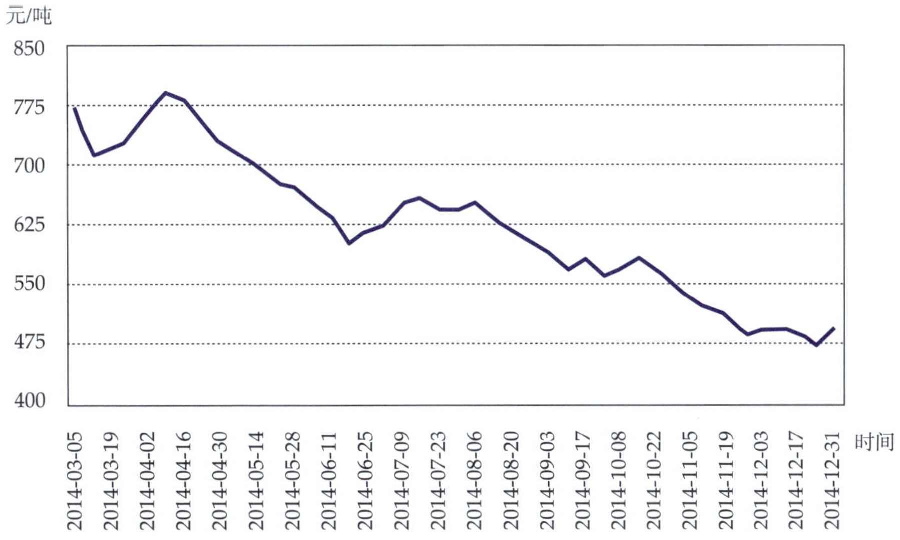

数据来源：上海清算所。

图8-12　铁矿石掉期（CIS）现货价格继续走低

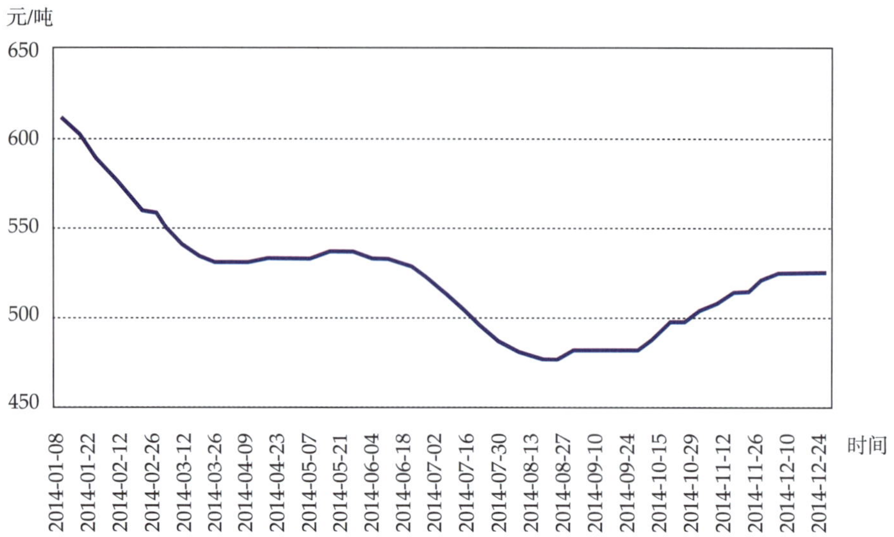

数据来源：上海清算所。

图8-13 动力煤掉期（CSS）现货价格重心下移

掉期中央对手清算业务，此前上海清算所于2013年4月16日正式推出了人民币远期运费协议中央对手清算业务。

上述三类场外衍生产品通过上海清算所进行清算，促进了市场的价格发现、提升了风险管理水平，汇聚了中国机构投资者的交易和报价、提升其在国际大宗商品市场中的交易报价能力，进一步争取人民币定价权。目前，上海清算所清算的动力煤掉期产品规模已相当于新加坡清算所同类产品清算量的15倍。

截至2014年12月31日，上海清算所累计清算航运和大宗商品衍生产品交易271 315笔（折合成月度协议，单边），对应名义本金204.85亿元（单边）。

（四）场外权益类衍生产品的运行情况

根据证监会统一部署，中国证券业协会于2012年12月发布了《证券公司柜台交易业务规范》，正式启动场外市场试点工作。证券业、期货业和基金业三协会于2014年8月联合发布了2014版场外衍生产品交易主协议及权益衍生产品定义文件，进一步完善了场外市场的规则体系。

2014年以来，场外权益衍生产品交易规模快速增长，体现出市场旺盛的权益类避险需求。截至2014年11月底，我国证券公司场外衍生产品累计初始名义金额达到4 749.58亿元，约为2013年末的28倍；累计报告8 035笔场外衍生产品交易，约为2013年的15倍；未平仓名义本金达2 912.4亿元。

市场参与者类型持续增加，对客交易业务模式日趋成熟。截至2014年11月底，已有22家证券公司在中证主协议框架下开展了场外衍生产品业务（截至2014年8月，共20家证券公司与332家交易对手方签订了517份主协议）。其中，以非金融机构为主的非专业交易对手占比约为79.2%，主要的交易目的是杠杆融资、市值管理等；金融机构交易对手占比为20.8%，专业交易对手以银行为主，保险公司、信托机构等尚未参与证券公司场外权益类衍生品的交易。

产品类型不断丰富，券商风控需求与日俱增。目前，证券公司开展的场外衍生产品交易涉及的挂钩标的有境内股票、指数、可转债、封闭式基金、ETF基金、基金专户、股指期货、商品期货及境外股票、指数等。产品类型主要包括收益互换与场外期权，收益互换中约有90%是挂钩股票标的的Delta One线性产品，主要用于满足低成本融资需求；10%是嵌入期权的非线性收益互换，用于满足更为精细的投资收益需求。场外期权中多是证券公司与机构客户之间基于沪深300指数的障碍期权和数字期权。从发展速度来看，在2014年前11个月中，累计开展的权益互换由548笔增长至4 768笔，初始名义本金达3 848.51亿元；而场外期权增速尤其迅猛，由2013年末的仅1笔交易快速增加到666笔，初始名义本金达901.07亿元，规模扩大逾百倍，呈爆发式增长势头。

四、金融衍生产品市场的发展趋势

（一）继续推动金融衍生产品市场创新发展

目前，我国金融衍生产品市场仍然处于比较初步的发展阶段，发展仍是金融衍生产品市场的第一要义，以创新促发展仍是未来一段时期的首要任务。按照“鼓励创新、发展市场，加强监管、防范风险”的基本思路，下一步，市场的创新发展可以从下几方面着手：一是完善创新机制，发展出行政管理与市场自律良性互动的创新机制，建立以市场合理需求为依托的内生性市场创新机制；二是不断丰富产品序列，有选择、有步骤地促进各类结构性金融衍生产品不断丰富，平衡好“鼓励创新、发展市场与防范风险”的关系，更好地发挥场外金融衍生产品服务实体经济的作用。

（二）稳步扩展衍生产品市场参与主体

金融衍生产品交易具有高风险的特征，需要引入不同风险承担能力的投资者，从而促进市场风险合理分配，推动衍生产品市场平稳、健康、持续发展。一是进一步丰富参与主体。目前，场外衍生产品市场由商业银行主导，应进一步完善市场交易制度、丰富产品序列，提高证券公司、保险公司、基金公司参与热情，进一步增加投资者数量、扩大投资者类别。二是继续提高市场参与者自主管理风险的能力。衍生产品交易风险较高，要加强合格投资者建设，鼓励市场参与者改善公司治理结构、健全风险管理技术、遵守操作规程及风险管理流程，从源头上防范衍生产品交易风险，同时加强行业自律，提高从业机构和人员的专业水平和职业操守。三是在风险可控的前提下鼓励非金融机构参与衍生产品交易，满足企业客户套期保值的需求，增加企业管理风险的管道与能力，促进衍生产品市场服务于实体经济。

（三）进一步完善金融市场基础设施

国际金融危机后，各国承诺加强场外金融衍生产品的基础设施建设，建立中央清算机制和信息报备机制，促进市场的信息透明度，降低系统性风险，防止市场滥用行为。未来，应进一步完善中央对手清算机制的配套政策，扩展中央对手清算机制的运用范围，将适宜清算的场外衍生产品交易纳入到中央对手清算机制当中；同时，探索建立场外金融衍生产品的信息披露机制、引进独立审计场外金融衍生产品披露的财务报表机制，使投资者和监管者都能充分了解场外金融衍生产品的价值和风险水平，建立相对透明的场外金融衍生产品市场。此外，金融市场基础设施建设既要满足国内市场需求，又要具备吸引国际投资者的能力，需要继续在《金融市场基础设施原则》的框架下进一步提高金融衍生产品市场基础设施建设的标准，参照国际标准提高我国中央清算和信息报备机构的服务运行能力，增强国际竞争力。

专题七 进一步扩大信贷资产证券化试点

信贷资产证券化是金融深化和金融市场发展到一定程度后的产物，有利于促进金融市场协调发展，是提高金融服务实体经济水平的必然要求。2013年8月28日，国务院常务会议决定进一步扩大信贷资产证券化试点。会后，人民银行会同有关部门认真贯彻落实国务院常务会议精神，积极组织推进实施。信贷资产证券化管理制度进一步完善，投资者多元性日益提升，市场化约束机制逐步形成，证券化盘活信贷存量、优化金融资源配置等功能作用开始显现。扩大试点以来，截至2014年末，金融机构共发行71单信贷资产支持证券，共计2 942亿元，余额2 644亿元。

一、扩大试点取得积极成效

（一）信贷资产证券化管理制度进一步完善。2005年试点以来，人民银行会同有关部门发布《信贷资产证券化试点管理办法》（中国人民银行　银监会公告〔2005〕第7号公布）等十余个部门规章和规范性文件，对信贷资产证券化基础法律关系、监督管理、证券发行交易和登记托管结算、风险自留、会计处理、税收中性原则、房屋抵押权变更等进行了规范。2013年扩大试点后，针对前期试点中反映出的风险自留方式过于严苛，影响银行业金融机构信贷资源释放效果及参与试点积极性问题，人民银行、银监会以联合公告（中国人民银行 中国银行业监督管理委员会公告〔2013〕第21号）的形式进一步完善信贷资产证券化风险自留制度，明确发起机构可以根据自身需求，灵活选择采用垂直型、水平型等多种方式进行风险自留，既有效防范发起机构道德风险，又极大提升了金融机构参与证券化的积极性。

（二）信贷资产证券化投资者多元性日益提升。资产证券化是一种结构复杂、具有一定衍生产品性质的债券类产品，国际上几乎都是机构投资者购买。扩大试点以来，信贷资产证券化投资者多元性日益提升，结构不断优化。截至2014年末，信贷资产支持证券投资者共312家，其中，银行业金融机构投资者146家，占47%，持有证券占比为68.3%；证券公司、保险机构、基金等非银行机构投资者和非法人投资者共169家，占53%，持有证券占比为31.7%，较第一轮试点期间上升10.3个百分点，资产证券化促进信用风险分散转移的功能作用日益显现。同时，发起机构及基础资产范围也趋于多元，发起机构涵盖各类银行及汽车金融公司、资产管理公司、金融租赁公司，基础资产从一般企业贷款扩展到国际市场主流的个人住房抵押贷款、个人汽车贷款。

（三）信贷资产证券化市场化约束机制逐步形成。试点以来，试点工作协调小组边试点边完善制度建设，遵循资产证券化产品特点，注重发挥信息披露、信用评级等市场化约束机制作用。从试点情况看，市场运行总体稳健，市场化约束机制作用逐步形成。已经发行的信贷资产证券化产品运营良好，已到期产品足额完成兑付，次级档证券收益较好；未到期产品运营正常，本息偿付情况良好，一般企业贷款证券化入池资产保持零不良贷款率。同时，商业银行开展资产证券化业务也促进了其信贷风险管理体系的完善，如通过中介机构的尽职调查发现并改进合规管理和押品管理体系，通过持续信息披露进一步规范贷后管理等。

（四）信贷资产证券化盘活信贷存量、优化金融资源配置的功能作用开始显现。当前，信贷资产证券化仍处于试点阶段，总体规模和影响较小，但从参与试点的金融机构情况看，资产证券化的功能作用已开始显现。一是银行业金融机构通过证券化释放信贷资源，降低资本消耗，增强了支持实体经济发展的能力。二是非银行金融机构通过证券化拓宽了融资渠道，降低融资成本。三是证券化盘活了银行信贷存量，提高资金使用效率和流动性，改善商业银行信贷结构，优化增量信贷投向，更好地支持“三农”、小微企业等薄弱环节及铁路、船舶等重点行业改革发展。

二、信贷资产证券化是金融深化和金融市场发展到一定程度后的必然产物

银行信贷是满足实体经济融资的重要渠道，但在银行信贷资产扩张过程中，必须密切关注资产负债期限不匹配形成的风险，信贷资产证券化是直接融资与间接融资的桥梁，为银行解决期限错配风险提供了工具。

信贷资产证券化兴起于美国的住宅抵押贷款证券化，在20世纪80年代储贷危机后快速发展。20世纪70年代，受“二战”后婴儿潮的强劲购房需求影响，美国住房抵押贷款市场需求激增，金融机构开始尝试进行抵押贷款二级市场交易，1970年首度发行住宅抵押贷款转付证券（Mortgage Pass Through，MPT），标志着资产证券化的开端。20世纪70年代后，美国逐步放松利率管制，存款利率上升，金融机构息差收窄。在当时住房市场上，储蓄贷款机构是重要的参与者之一，储贷机构向购房人提供长期的住房抵押贷款，其资金来源主要是短期限的活期存款。息差收窄，进一步加大了储贷机构期限错配风险，最终引发储贷危机。储贷危机后，美国为化解金融机构资产负债期限错配问题，大力推动信贷资产证券化发展，相继通过了《加强二级抵押贷款市场法案》（SMMEA）、《税收改革法案》和《金融资产证券化投资信托》（FASIT）立法提案，为证券化快速发展提供了法律支持和税收优惠，住房抵押贷款证券化快速发展。同时，其他类型的资产（信用卡、汽车贷款、学生贷款以及房屋权益贷款）持有人也仿照住房抵押贷款证券化模式，发行资产支持证券。到2005年，美国资产证券化市场规模已经超过国债，成为债券市场第一大品种。

目前，资产证券化已经成为美国、欧洲、日本等发达经济体成熟的金融产品，并成为银行业金融机构主要业务之一。国际金融危机发生后，美国等发达经济体强化了对信贷资产证券化的风险管控，总体来看，信贷资产证券化产品的发行在波动中发展，市场规模快速回升。2013年美国证券化产品发行量达2.1万亿美元，已经达到2008年的1.3倍，占同期债券发行总量的30%，余额9.9万亿美元，占全部债券余额的26.49%。

从国际金融市场实践看，资产证券化之所以成为国际金融市场上广为接受的产品，主要在于它能够满足参与各方多层次、多元化需求。开展信贷资产证券化，有利于银行业金融机构灵活调整资产负债结构，改善资金借短贷长的期限错配问题，将信贷资产通过“证券化”方式由表内转到表外，减少对资本的占用，转变盈利方式。对投资者而言，信贷资产证券化将有稳定现金流但缺乏流动性的信贷资产转变为流动性较高的有价证券，可以为金融市场提供新的投资品种，有助于投资者合理配置金融资产，分散投资风险。

三、当前我国发展信贷资产证券化具有重要的现实意义

当前，我国金融运行总体稳健，但金融市场配置资源的效率和工具与经济结构调整和转型升级的要求不相适应。推进信贷资产证券化业务发展，对于盘活存量、用好增量，促进经济稳定发展、调整结构、转变发展方式具有重要意义，也有利于促进形成由债券利率带动信贷利率的价格传导机制、提高货币政策传导效率，缓解银行资本补充压力，丰富市场投资产品，健全市场机制，开辟规范的信贷资产转让渠道，增强银行对重点行业改革发展融资支持能力，转变银行盈利模式。

一是有利于促进形成由债券利率带动信贷利率的价格传导机制，提高货币政策传导效率。信贷资产证券化连接信贷市场和证券市场，其基础资产收益率和证券化产品收益率分别对应着贷款利率和证券市场利率。我国虽已全面放开贷款利率管制，但利率传导机制仍不完善，贷款利率与市场利率变化也不同步。通过开展信贷资产证券化，有利于逐渐形成由债券利率带动信贷利率的价格传导机制，解决两个市场价格脱节的问题，提高货币政策传导效率。

二是有利于缓解银行资本补充压力，更好地服务实体经济发展。未来较长一段时期，我国经济仍将保持较高增长速度，由于以间接融资为主的格局短期内难以改变，实体经济资金来源仍将高度依赖银行贷款。商业银行是经营风险的企业，必须通过资本来承担资产方的风险并吸收相关风险，贷款规模扩张，将大幅增加商业银行资本消耗。特别是2012年6月，我国出台《商业银行资本管理办法（试行）》，对商业银行资本质量和充足水平要求更加严格，如果银行资产增速和资产利润率保持不变，按照现有资本积累水平，几年后，商业银行的资本缺口将成倍扩张。如果再考虑到部分企业经营困难等因素，银行盈利水平还存在一定不确定性，资本缺口将更大。商业银行通过证券化业务，可以灵活调整资产负债结构，将信贷资产通过

"证券化"等方式打包出售，信贷资产由表内转到表外，减少对资本的占用，缓解补充资本对资本市场造成的压力。

三是有利于发展多层次资本市场，充分发挥市场配置资源的基础性作用。当前，我国社会融资过度依赖银行贷款，不利于资源的优化配置和金融稳定，从国际发展经验来看，发展直接融资，推动金融体系由单一银行体系向多元化市场体系过渡将是一个趋势。信贷资产证券化可以为金融市场提供新的投资品种，使投资者可以通过证券化间接投资于基础设施、住房贷款、企业贷款等原来难以进入的领域。另外，证券化风险收益特征和期限结构安排与股票、基金、国债、金融债、公司债等都有较大的差异，有助于投资者合理配置金融资产，促进多层次资本市场的发展与完善。发展证券化，还可以发挥投资者共同判断风险、确定资金价格的作用，进一步强化市场对信贷风险的识别与管理，并进行适当的分散。

四是有利于开辟规范的信贷资产转让渠道，引导社会资金进入"规范池子"。近年来，在投资和融资双重需求的推动下，出现了许多具有流动性和信用转换功能的业务和产品，发挥了"类银行"金融中介功能，但有相当部分没有受到"类银行"的审慎监管。分析其出现的原因，一方面是由于目前金融机构面临贷存比、资本充足率等监管要求，急于通过"创新"业务实现信贷腾挪；另一方面，由于投资渠道相对狭窄，大量社会资金对高回报产品存在旺盛的需求。这些产品的发展在一定程度上满足了实体经济的部分融资需求，丰富和拓宽了居民、企业的投资渠道，但由于其不透明、不规范，不在金融机构资产负债表中反映，潜在风险不容忽视，如一些金融机构通过理财产品腾挪风险资产，变相放大信贷投放，有些还投向了属于限制类的行业和领域，不利于国家宏观调控政策的落实。因此，从长远来看，应该大力发展信贷资产证券化，为金融机构进行资产、负债调整开辟正规渠道，引导金融机构在满足实体经济融资需求的同时，防范可能的系统性风险。同时，发展证券化业务，也将向广大投资者提供一种与实体经济紧密联系的投资工具，引导社会资金按照风险收益匹配的原则合理流动、配置，有助于减少民间资本脱离实体经济、以钱炒钱及"高利贷"等情况的发生。

五是有利于降低商业银行授信集中度，增强对重点行业改革发展的融资支持能力。根据银监会《商业银行集团客户授信业务风险管理指引》规定，商业银行对单一集团客户授信集中度不得超过商业银行资本余额的15%，单一客户贷款集中度不高于资本余额的10%。近年来，金融系统按照党中央、国务院的统一部署，积极通过银行贷款等满足重点行业科学发展的融资需求。在一些重点行业，国内主要银行贷款规模都已基本达到或超过了10%的风险控制监管上限。过高的授信集中度制约了商业银行贷款能力，个别银行一度因此停止提供新增授信。通过开展贷款证券化，一方面，可以将贷款移出银行资产负债表降低行业贷款集中度，增强商业银行贷款能力；另一方面，可以盘活银行存量资产，使商业银行在现有授信内继续扩大对重点行业建设的融资支持，促进重点行业改革发展。

六是有利于促进商业银行盈利模式转变，满足实体经济多层次融资需求。长期以来，我国商业银行以净利息差为主要盈利来源，业务发展以资产规模扩张为主要特征，以存贷款规模的增长来维持利润增长，在信贷投放上出现贷大、贷长、贷集中的倾向和问题，难以满足实体经济发展的多层次融资需求。从国际经验来看，开展信贷资产证券化，有利于商业银行改善盈利模式，提高对实体经济的支持能力。一是提高资金使用效率，开展证券化可以盘活商业银行流动性较差的信贷资产，释放资金可以投向经营更高效、收益较高的领域。二是通过证券化，商业银行可以以更加有利的成本获取资金，有利于降低融资成本。三是有利于提高中间业务收入，资产证券化后，金融机构在不增加资本占用的情况下，可以获得贷款服务收入、持有资产支持证券的投资收益和交易资产支持证券的佣金收入，有助于提高其资本收益率。目前，资产证券化已经成为美国、欧洲、日本等发达经济体成熟的金融产品，并成为商业银行主要业务之一。

四、推动信贷资产证券化业务持续健康发展

当前，我国处于推进信贷资产证券化常规化发展的初期，需要在深入研究各国资产证券化发展模式和路径、借鉴最优实践和管理规则基础上，进一步完善管理制度，加强监管协调，为资产证券化常规化发展创造条件。在下一步工作中，有关部门将继续认真贯彻落实国务院常务会议精神，会同信贷资产证券化协调小组成员单位，在现有制度框架下，稳步推进试点工作开展。一是全面总结试点工作进展情况，分析当前资产证券化发展面临的问题和原因，研究进一步促进资产证券化发展的政策措施。二是随着市场发展及宏观制度环境的变化，进一步完善信贷资产证券化配套管理制度。三是进一步加强监管协调，充分发挥金融监管协调机制和信贷资产证券化试点工作协调小组作用，在现有信贷资产证券化管理制度框架下，统一注册登记制度，加强监管协调和信息共享，强化资产证券化业务各环节的监管，形成市场管理与机构监管合力。四是按照简政放权的要求，简化信贷资产证券化发行管理程序。做好《中国人民银行公告》（〔2015〕第7号）的落实工作，支持符合一定条件的受托机构和发起机构申请一次注册，自主分期发行信贷资产支持证券，提高发行管理效率和透明度，同时强化信息披露等市场约束机制的作用，促进信贷资产证券化业务持续健康发展。

专题八 人民币利率衍生产品的标准产品交易推出

2014年11月3日，标准利率衍生产品在全国银行间同业拆借中心（以下简称“交易中心”）X-Swap系统上市交易，这是自2005年推出债券远期产品、2006年开展利率互换交易以及2007年推出远期利率协议以来，我国利率衍生产品市场在衍生产品标准化和电子化交易方面取得的又一重要进展。

一、标准利率衍生产品基本情况

标准利率衍生产品对利率互换、远期利率协议等利率衍生产品的到期日、期限等产品要素进行了标准化设置，首批推出4款产品，品种设置覆盖已有利率互换主要品种标的FR007、Shibor O/N和Shibor 3M。

1.产品要素

（1）1个月标准隔夜指数互换：以ShiborO/N为浮动利率，每天重置，计息首日为到期日前一个月对应的日历日，到期日计算到期结算利率，并进行净额现金交割。

（2）3个月标准Shibor1W利率互换：以Shibor1W为浮动利率，每周重置，计息首日为到期日前13周对应的日历日，到期日计算到期结算利率，并进行净额现金交割。

（3）3个月标准7天回购利率互换：以7天回购定盘利率为浮动利率，每周重置，计息首日为到期日前13周对应的日历日，到期日计算到期结算利率，并进行净额现金交割。

（4）3个月标准Shibor3M远期利率协议：以Shibor3M为浮动利率，计息首日为交割日，到期日为对应的三个月后的日历日，计息首日计算到期结算利率，并进行贴现后的净额现金交割。

2.交易方式和交易机构

标准利率衍生产品在X-Swap系统上采用双边授信、匿名点击交易，交易达成后交易双方在交易中心交易后处理服务平台完成确认，市场成员可选择双边自行清算和中央对手方清算两种清算方式。

银行间利率衍生产品市场成员均可参与标准利率衍生产品交易，截至2014年末，银行间市场利率互换交易备案机构为118家，远期利率协议备案机构为57家，机构类型涵盖银行类金融机构、证券公司、保险机构和其他类型机构。

二、标准利率衍生产品推出的市场意义

标准利率衍生产品是对现有利率衍生产品的标准化，可以有效提高产品流动性，增强市场风险管理能力。作为标准化的利率衍生产品，标准利率衍生产品的流动性更强，价格发现和市场交易均更有效率，同时，它还为市场参与者提供了更好的风险对冲工具。标准利率衍生产品与原有利率互换（IRS）的主要区别在于计息期限固定、交割日确定，即原有的IRS为滚动到期，市场参与者的净头寸可以通过反向交易平仓，但如果原始交易与反向交易不在同一天进行，反向交易的交割日会晚于原始交易的交割日，则原始交易的风险敞口无法完全对冲。而标准利率互换产品每个品种的计息期限固定，合约采用统一的交割日，头寸对冲后不遗留风险敞口，便于投资者进行更多的交易策略组合。

标准利率衍生产品顺应了国际衍生产品监管改革潮流。国际金融危机以后，为提高场外衍生产品市场透明度、降低系统性风险，国际监管机构呼吁对场外衍生产品市场进行改革，并就推进标准化、电子化交易、建立交易报告库和实施中央对手方清算等措施达成一系列共识。标准利率衍生产品正是我国利率衍生产品市场顺应国际衍生产品监管改革潮流，在推进衍生产品标准化和电子化交易方面进行的一次有益尝试。标准利率衍生产品推进了衍生产品标准化，同时，其在交易中心X-Swap电子交易系统上进行双边授信、匿名点击交易，可大幅降低交易成本，提高交易效率和透明度。

三、上市以来的交易情况

标准利率衍生产品上市交易以来，各市场成员踊跃参与。2014年，标准利率衍生产品成交211笔，共计413亿元。交易品种方面，SS011M和SR073M品种成交307.5亿元和95亿元，分别占比74%和23%。交易机构方面，交通银行、星展银行、德意志银行、法国巴黎银行和美国银行上海分行交易活跃。报价品种方面，SS011M和SR073M品种报价2 574笔和1 845笔，分别占比51.5%和36.9%。报价机构方面，星展银行、交通银行、美国银行上海分行、中信银行和农业银行报价活跃。合约报价最优点差活跃交易日为0，清淡交易日平均在25～80BPs。

专题九　场外利率衍生产品市场集中清算

一、业务介绍

人民币利率互换集中清算业务是指上海清算所作为中国人民银行指定的人民币利率互换集中清算机构，对市场参与者达成的利率互换交易，在承继交易双方的权利及义务后，按多边净额方式计算各清算会员在相同结算日的利息净额，并建立相应风险控制机制，保证合约履行、完成利息净额结算的处理过程。在该业务模式下，引入上海清算所作为中央对手方，成为买方的卖方和卖方的买方，并由上海清算所来控制交易双方的履约风险。

经中国人民银行批准，自2014年1月2日起，上海清算所试行开展人民币利率互换集中清算业务。根据《中国人民银行关于建立场外金融衍生产品集中清算机制及开展人民币利率互换集中清算业务有关事宜的通知》（银发〔2014〕29号），自2014年7月1日起，金融机构之间新达成的，以FR007、Shibor_ON和Shibor_3M为参考利率的，期限在5年以下（含5年）的人民币利率互换交易，凡参与主体、合约要素符合上海清算所有关规定的，均提交上海清算所进行集中清算。

上海清算所通过组织多边净额清算，采用市场认可的方式计算利率互换结算金额，降低了交易双方结算金额争议发生的概率，简化了参与者交收过程，减少了参与者资金和金融产品等实际交收的数量，释放了双边清算情况下的授信和风险资本计提要求，大大提高了清算效率和资金使用效率。

上海清算所采取风险敞口限额、保证金、风险监测、清算基金和风险准备金等制度，严格管理利率互换业务风险，实现风险管理的标准性、透明性和公允性，可有效防范和控制系统风险。

二、运行概况

根据中国外汇交易中心2014年的统计资料，满足“银发[2014]29号”规定的交易笔数占比为99.20%、名义本金占比为99.32%。由此可见，上海清算所为上述三类参考利率的利率互换交易提供集中清算已经基本覆盖了整个市场，实现了对主流的利率衍生产品风险的集中控制。2014年，上海清算所共清算IRS交易24 507笔、名义本金23 049.77亿元，自7月1日强制集中清算正式实施以来，提交中央对手清算的交易规模迅速增加。

自利率互换实施强制集中清算以来，交易继续保持活跃。2014年1～6月，利率互换月均成交2 989笔，对应名义本金均值2 798.79亿元；7月1日实施集中清算以来，月均成交4 139笔，对应名义本金均值3 894.05亿元，同比增长112.91%和98.57%。

上海清算所在成功上线人民币利率互换集中清算业务的基础上，通过引入代理清算机制保证强制集中清算的推进，还不断提升市场服务能力、活跃交易。例如，自2014年10月13日起，上海清算所对提交集中清算的人民币利率互换交易进行实时检查，检查通过后实时进行合约替代，实现实时接单处理，简化了市场参与者的操作流程。此外，自2014年10月起，上海清算所提供抵押品管理功能，清算会员可以

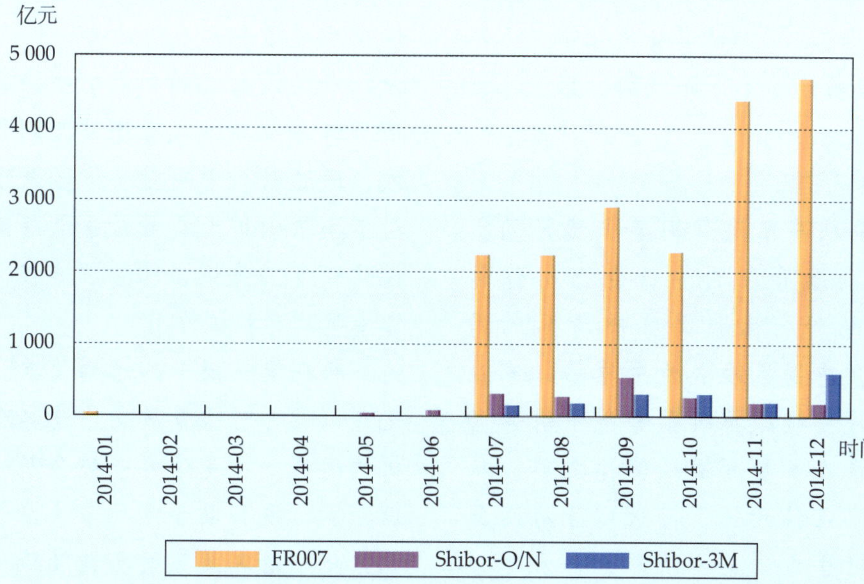

数据来源：上海清算所。

图8-14　2014年人民币利率互换中央对手清算名义本金规模走势

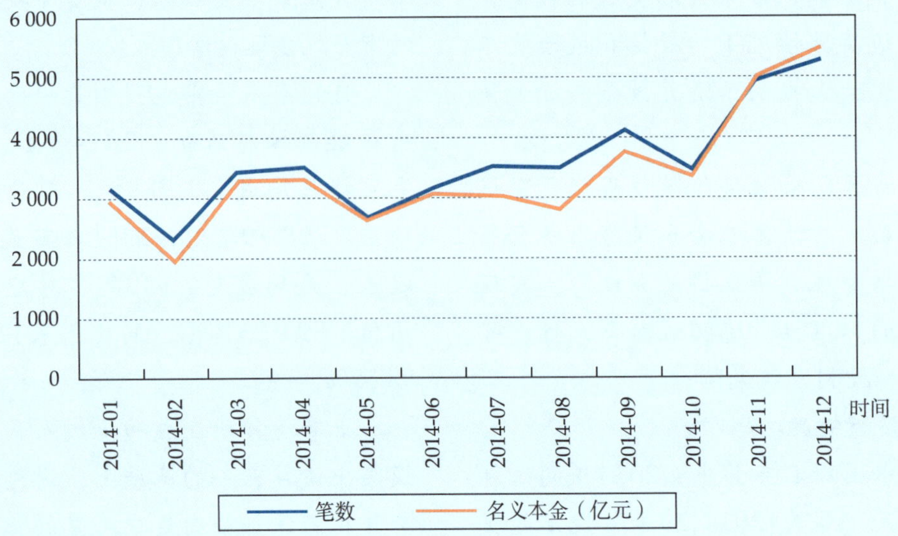

数据来源：上海清算所。

图8-15　利率互换集中清算后市场成交保持活跃

向上海清算所提交规定的合格抵押品来冲抵部分保证金要求，进一步发挥了中央对手清算和中央证券存管业务的协同效应，降低市场参与者的资金成本。

截至2014年末，上海清算所共批准综合清算会员5家、普通清算会员42家、已具备交易资格的非清算会员31家，其中外资参与者20家。

三、示范意义

人民币利率互换强制集中清算的实施，是我国政府在国际社会上所作承诺，实现场外衍生产品集中清算的需要。目前，中国已经成为全球第三家在利率衍生产品领域推行强制集中清算的国家，已走在多数发达经济体之前。从人民币利率互换开始，实行以上海清算所为中央对手方的集中清算，并在下一步，逐步扩大到其他场外衍生产品，将成为中国落实G20承诺、防范场外衍生产品市场风险的重要举措。

自2006年2月9日我国银行间市场正式推出人民币利率互换以来，利率互换在价格发现、风险管理等方面的功能逐渐得到市场的重视，2014年全年交易的名义本金规模已逼近4万亿元大关。作为我国场外金融市场最主流的利率衍生产品，利率互换从双边清算模式有序过渡到集中清算模式，通过引入中央对手方活跃市场交易，对市场机构扩大交易对手选择范围，释放授信额度、简化合约管理流程、节约风险资本等具有积极作用。

而利率互换产品结构简单、相对标准化，以此为对象开展集中清算有助于市场机构适应、接受这样一种全新的交易后处理模式，也有助于宏观审慎监管机构逐步积累集中清算政策的实施经验，为建立覆盖整个场外衍生产品的集中清算政策，创造更好的条件。

专题十 航运及大宗商品金融衍生产品中央对手清算快速发展

上海清算所充分借鉴国际成熟经验，从2012年起，开始逐步推出场外航运及大宗商品金融衍生产品交易的中央对手清算业务，不仅填补了中国场外金融要素市场的空白，满足了实体企业套期保值需求，而且推动了上海“两个中心”以及人民币清算中心的建设，进一步提升了人民币国际定价权。作为中国场外商品衍生产品市场唯一的中央对手清算机构，业务推出后市场反应良好，并与国内期货市场、国际掉期市场形成有效互补，促进了各市场的共同发展。

一、相关业务概况

（一）人民币远期运费协议（人民币FFA）

市场发展平稳。受现货市场波动剧烈、避险需求增加、投资者入市加快等因素的影响，人民币FFA业务前期经历了快速增长。随着航运市场持续低迷，市场发展速度有所放缓。

（二）人民币铁矿石掉期（CIS）、人民币动力煤掉期（CSS）

一是市场反应良好，清算规模平稳增长。铁矿石、动力煤掉期推出后，获得市场较大关注，市场反应良好。目前，铁矿石交易量基本保持在每月500万吨，约合人民币32亿元的清算规模，占同期新加坡清算所同类产品的14%；动力煤交易量稳步上升，10月交易量达到为840万吨，约合人民币44亿元的清算规模，是同期新加坡清算所同类产品的15倍。

二是近端协议成为交易主力，满足实体套保需求。根据上线3个月的运行情况，交易主要集中在近端的月度协议及季度协议，能够有效满足实体企业贸易周期对于近端期限协议的套保需求。

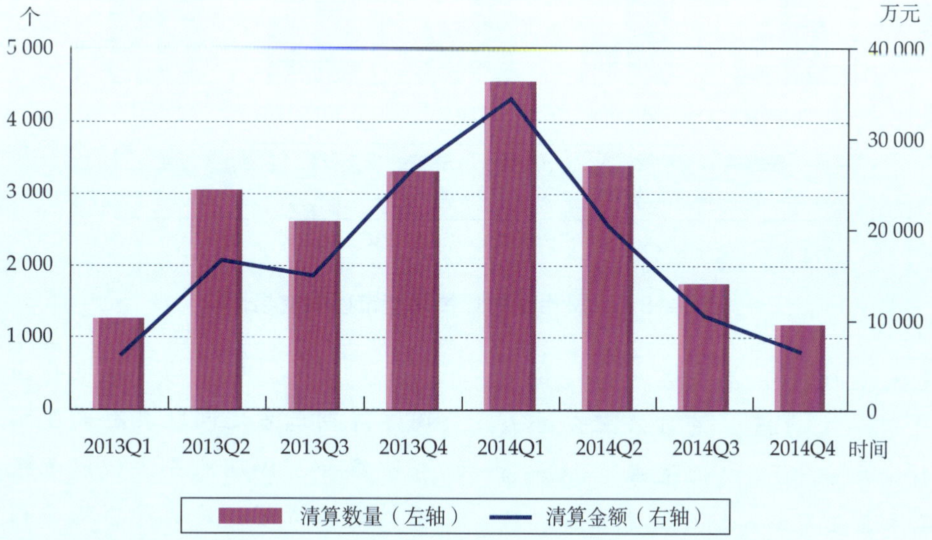

数据来源：上海清算所。

图8-16 2013～2014年人民币FFA清算情况

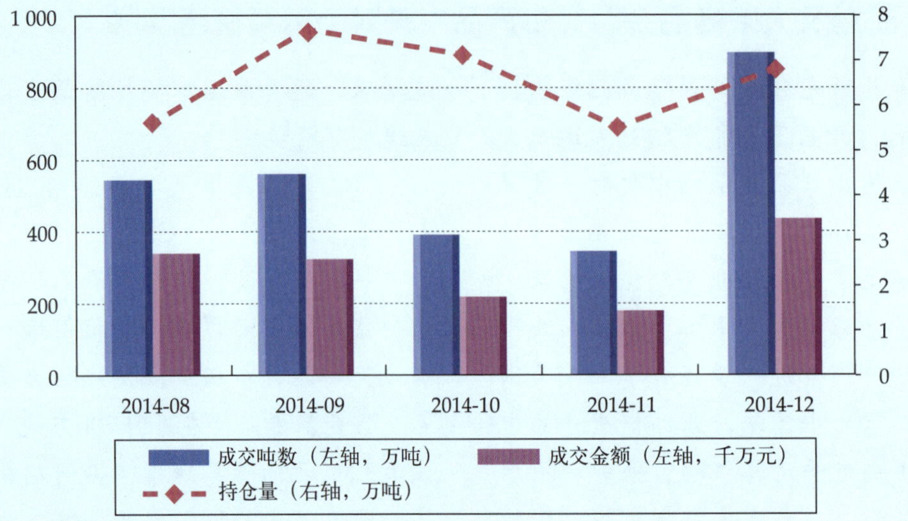

数据来源：上海清算所。

图8-17 人民币铁矿石掉期上市以来交易情况

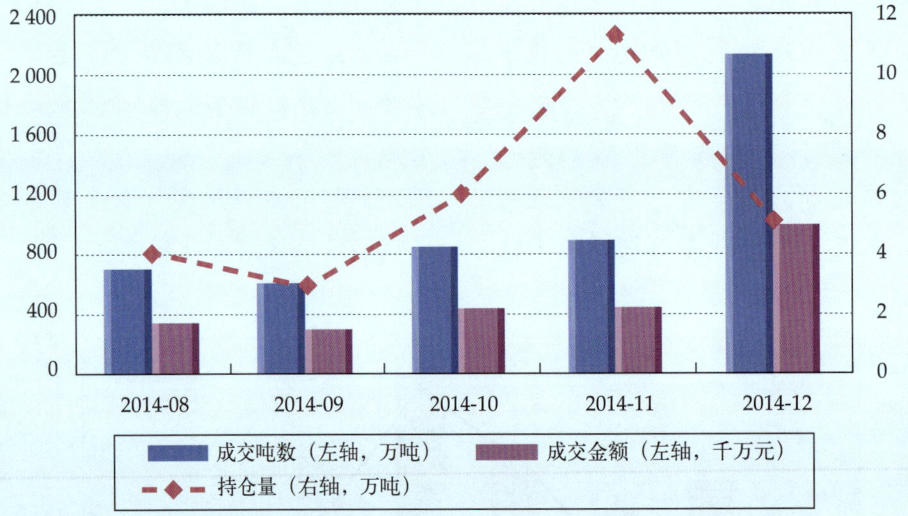

数据来源：上海清算所。

图8-18 人民币动力煤掉期上市以来交易情况

三是流动性提供者积极参与报价交易，提升市场流动性。上海清算所积极引入大型金融机构（中信证券、招商证券）、实体企业等参与场外掉期市场，这些流动性提供者积极参与报价交易，活跃市场，提升市场流动性。

四是与场内期货、国际掉期形成跨市场套利空间。由于场外掉期与国内期货、国际掉期三者之间既具有高度相关性而又有所差异，掉期业务上线以来根据对各市场的实证研究，目前跨市场套利空间已经形成，交易者也逐步通过参与多个市场，实现跨市场对冲套利。

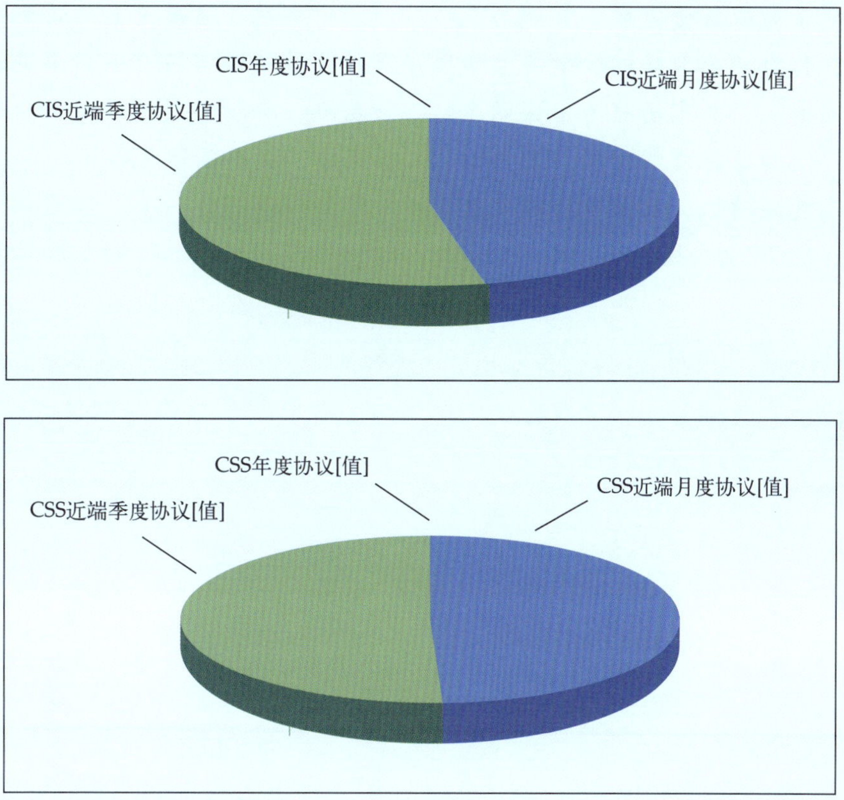

数据来源：上海清算所。

图8-19　人民币铁矿石（CIS）、动力煤掉期（CSS）主要交易合约类型

二、发展意义

一是形成场外市场和场内市场共同发展的良性循环。发展场外商品衍生产品市场能够改善提高金融对实体经济服务的深度和广度，加速衍生产品的创新和标准化，有利于培育机构投资者的交易和风险管理能力，从而改变场内市场目前存在的个人投资者参与比例过大、投机交易过多、产品创新滞后等现状，逐步形成场外市场和场内市场共同发展的良性循环。

二是有助于提升国内机构投资者交易和报价能力。国内场外商品衍生产品市场旨在汇聚中国机构投资者的交易和报价，能将在海外交易的中国投资者吸引回中国市场，这将极大地推动中国机构投资者在国际大宗商品市场中的交易报价能力。

三是打破目前大宗商品市场美元价格指数定价的局面，有利于争取人民币定价权。国内推出场外商品衍生产品业务主要采用中国的大宗商品价格指数方提供的人民币现货价格指数，并通过报价团形成以人民币计价的大宗商品中远期价格曲线，这将打破“中国作为大宗商品的重要消费者，但交易均以国外指数方提供的美元价格指数定价”的局面，提升人民币在大宗商品现货和衍生产品市场中的定价权。

四是有利于加强监管力度，有效防范系统性风险。作为一个新兴的金融要素市场，场外商品衍生产品市场将为中国的金融机构带来广泛的业务发展空间，且与货币市场具有高度联动性。在该市场建立统一的中央对手清算平台，有利于监管机构及时有效获取市场交易清算基础数据，加强监测、分析，及时防范和化解市场系统性风险，提高监管效率。

附录一　2014年中国金融市场发展大事记

1月2日，经中国人民银行批准，银行间市场清算所股份有限公司试行开展人民币利率互换集中清算业务。

1月7日，经国务院同意，中国银监会、发展改革委、工业和信息化部、财政部、商务部、人民银行、工商总局、法制办八部委联合发布《关于清理规范非融资性担保公司的通知》。

1月17日，中国人民银行发布《关于开展常备借贷便利操作试点的通知》（银发〔2014〕19号），在北京、江苏、山东、广东、河北、山西、浙江、吉林、河南、深圳开展分支机构常备借贷便利操作试点，主要解决符合宏观审慎要求的地方法人金融机构流动性需求，稳定市场预期，促进货币市场平稳运行。

1月26日，中国人民银行金融市场司发布《关于商业银行理财产品进入银行间债券市场有关事项的通知》（银市场〔2014〕1号）。明确银行开立理财产品债券账户以及为理财产品提供托管的具体条件，这是央行首次发布银行理财产品投资债券市场的规范细则。

1月28日，中国人民银行发布《关于建立场外金融衍生产品集中清算机制及开展人民币利率互换集中清算业务有关事宜的通知》（银发〔2014〕29号），建立场外金融衍生产品集中清算机制，促进场外金融衍生产品市场安全高效运行和健康规范发展。

1月30日，为进一步改善宏观调控，规范再贷款的功能定位，充分发挥中央银行流动性管理和引导金融机构优化信贷结构的功能，更好地服务于中央银行履职，中国人民银行发布《关于调整再贷款分类的通知》（银发〔2014〕36号），将再贷款由三类调整为四类，即将原流动性再贷款进一步细分为流动性再贷款和信贷政策支持再贷款，金融稳定再贷款和专项政策性再贷款分类不变。

2月20日，中国人民银行授权上海总部发布《关于支持中国（上海）自由贸易试验区扩大人民币跨境使用的通知》（银总部发〔2014〕22号），支持在自贸区内开展各项跨境人民币业务创新试点，鼓励和扩大人民币跨境使用。

2月28日，大连商品交易所聚丙烯期货正式上市交易。

3月1日，中国人民银行放开中国（上海）自由贸易试验区小额外币存款利率上限。

3月5日，中国人民银行发布〔2014〕第3号公告，从事柜台记账式国债业务的商业银行，其柜台债券业务品种可以在记账式国债基础上增加国家开发银行债券、政策性银行债券和中国铁路总公司等政府支持机构债券。

3月12日，为规范市场成员通过非金融企业债务融资工具集中簿记建档系统开展簿记建档发行业务，经中国人民银行备案同意，中国银行间市场交易商协会发布《关于非金融企业债务融资工具集中簿记建档工作有关事项的公告》。

3月15日，中国人民银行宣布自2014年3月17日起，银行间即期外汇市场人民币兑美元交易价浮动幅度由1%扩大至2%，外汇指定银行为客户提供当日美元最高现汇卖出价与最低现汇买入价之差不得超过当日汇率中间价的幅度由2%扩大至3%。

3月18日，经中国人民银行授权，中国外汇交易中心宣布在银行间外汇市场开展人民币对新西兰元直接交易。

3月21日，为贯彻落实《国务院关于开展优先股试点的指导意见》，加快推进资本市场改革创新，中国证监会发布《优先股试点管理办法》。同日，上海期货交易所热轧卷板期货合约上市开始交易。

4月9日，中国人民银行金融市场司发布《关于银行间债券市场招标发行债券有关事宜的通知》。

4月10日，为促进内地与香港资本市场共同发展，中国证监督管理委员会、香港证券及期货事务监察委员会决定原则批准上海证券交易所、香港联合交易所有限公司、中国证券登记结算有限责任公司、香港中央结算有限公司开展沪港股票市场交易互联互通机制试点。

4月18日，中国银监会、中国证监会联合发布《关于商业银行发行优先股补充一级资本的指导意见》。同日，中国银监会发布《商业银行保理业务管理暂行办法》。

4月22日，为贯彻落实国务院常务会议和马凯副总理在全国农村金融服务经验交流电视电话会议上的讲话精神，加强金融对“三农”发展的支持，拓展资金来源，引导加大涉农资金投放，进一步提升农村金融服务的能力和水平，中国人民银行决定从2014年4月25日起下调县域农村商业银行人民币存款准备金率2个百分点，下调县域农村合作银行人民币存款准备金率0.5个百分点。

4月24日，国家发改委财金司发布企业债券簿记建档和招标发行业务指引。

4月25日，中国人民银行与新西兰储备银行续签双边本币互换协议，互换金额仍为250亿元人民币/50亿新西兰元。有效期3年，经双方同意可以展期。

5月8日，中国人民银行、中国银监会联合发布公告〔2014〕第8号，拓宽消费金融公司等非银行金融机构的融资渠道，合理调整金融租赁公司、汽车金融公司发行金融债券的条件，加大金融对消费的支持力度。

5月9日，人民银行、银监会、证监会、保监会、外汇局联合印发《关于规范金融机构同业业务的通知》（银发〔2014〕127号），就规范同业业务种类和会计核算、加强和改善同业业务内外部管理、推动开展规范的资产负债业务创新等方面提出了十八条规范性意见。

5月30日，中国人民银行使用中韩本币互换协议下4亿韩元（约合240万元人民币）资金支持企业贸易融资，这是中国人民银行首次在双边本币互换协议下动用对方货币。同日，上海清算所发布《关于开展人民币利率互换集中清算代理业务的公告》，宣布自2014年7月1日起开展人民币利率互换集中清算代理业务。

6月9日，中国人民银行决定从6月16日起对符合审慎经营要求且“三农”和小微企业贷款达到一定比例的商业银行（不含4月25日已下调过准备金率的机构）下调人民币存款准备金率0.5个百分点，对财务公司、金融租赁公司和汽车金融公司下调人民币存款准备金率0.5个百分点。

6月11日，全国银行间同业拆借中心发布《银行间债券市场尝试做市业务规程》，首次对尝试做市业务进行了规范。

6月18日，中国人民银行发布〔2014〕第11、12号公告，决定授权中国建设银行（伦敦）有限公司、中国银行法兰克福分行分别担任伦敦人民币、法兰克福人民币业务清算行。同日，经中国人民银行授权，中国外汇交易中心宣布在银行间外汇市场开展人民币对英镑直接交易。

6月19日，财政部、中国人民银行、中国证监会共同发布《关于关键期限国债开展预发行试点的通知》，决定将国债预发行券种由7年期记账式国债扩大至全部关键期限记账式国债（1年期、3年期、5年期、7年期、10年期）。

6月23日，地方政府自主发债首单招标发行。发行总额148亿元的“广东省政府债券”，成为国内首单自发自还的地方政府债券。

6月27日，为了完善银行结售汇业务监管制度，保障外汇市场平稳运行，中国人民银行对《外汇指定银行办理结汇、售汇业务管理暂行办法》（中国人民银行令〔2014〕4号发布）进行了修订，于2014年6月22日发布了《银行办理结售汇业务管理办法》（中国人民银行令〔2014〕2号），自2014年8月1日起施行。

7月1日，为进一步完善人民币汇率市场化形成机制，中国人民银行发布《关于银行间外汇市场交易汇价和银行挂牌汇价管理有关事项的通知》（银发〔2014〕188号）。

7月4日，中国人民银行发布〔2014〕14号公告，决定授权交通银行首尔分行担任首尔人民币业务清算行。

7月8日，郑州商品交易所晚籼稻期货合约上市交易。

7月11日，贯彻落实党的十八届三中全会关于建立透明规范的城市建设投融资体制、改善和优化融资结构的要求，防范和化解地方政府性债务风险，根据《银行间债券市场非金融企业债务融资工具管理办法》以及银行间市场相关自律规定，中国银行间市场交易商协会组织市场成员制定并公布《银行间债券市场非金融企业项目收益票据业务指引》。

7月18日，中国人民银行与阿根廷中央银行续签了双边本币互换协议，互换规模为700亿元人民币/900亿阿根廷比索，有效期3年，经双方同意可以展期。

7月21日，中国人民银行与瑞士国家银行签署了双边本币互换协议，互换规模为1 500亿元人民币/210亿瑞士法郎，有效期3年，经双方同意可以展期。

7月22日，中国邮政储蓄银行发行的“邮元2014年第一期个人住房贷款支持证券化产品”在全国银行间债券市场招标成功。住房抵押贷款证券化再次启幕。

7月25日，中国银监会宣布，深圳前海微众银行、温州民商银行、天津金城银行三家民营银行正式获准筹建。

7月28日，上海清算所正式推出澳元/人民币询价即期交易净额清算业务。同日，中国银监会发布《金融租赁公司专业子公司管理暂行规定》。

8月6日，经中国银监会及人民银行批准，顺德农商银行在银行间市场成功发行顺德农商银行2014年第一期信贷资产支持证券。全国农村中小金融机构首单信贷资产支持证券产品正式发行。

8月8日，郑州商品交易所硅铁、锰硅期货合约上市交易。

8月21日，中国人民银行与蒙古银行续签了双边本币互换协议，互换规模扩大为150亿元人民币/4.5万亿蒙古图格里克，有效期3年，经双方同意可以展期。

8月22日，中国证监会发布《私募投资基金监督管理暂行办法》。

9月1日，为提高银行间黄金询价市场流动性，促进市场价格发现，有效发挥黄金市场功能，根据中国人民银行有关建立银行间黄金询价交易尝试做市机制的整体部署，上海黄金交易所会同中国外汇交易中心正式启动银行间黄金询价交易尝试做市业务。

9月，中国人民银行创设中期借贷便利，对符合宏观审慎管理要求的金融机构提供中期基础货币，中期借贷便利利率发挥中期政策利率的作用，促进降低社会融资成本。

9月5日，中国人民银行发布〔2014〕15号、20号公告，决定授权中国银行巴黎分行、中国工商银行卢森堡分行分别担任巴黎人民币业务、卢森堡人民币业务清算行。

9月16日，中国人民银行与斯里兰卡中央银行签署了双边本币互换协议，互换规模为100亿元人民币/2 250亿斯里兰卡卢比，有效期3年，经双方同意可以展期。同日，交银金融租赁正式招标租赁资产支持证券，发行规模约为10.12亿元，成为我国首家试点资产证券化的金融租赁公司。

9月18日，上海黄金交易所国际板正式启动。

9月28日，为促进贸易投资便利化，中国人民银行办公厅发布《关于境外机构在境内发行人民币债务融资工具跨境人民币结算有关事宜的通知》（银办发〔2014〕221号）。

9月29日，经中国人民银行授权，中国外汇交易中心宣布在银行间外汇市场开展人民币对欧元直接交易。

10月2日，国务院办公厅发布《国务院关于加强地方政府性债务管理的意见》，这是国务院首次发文全面规范地方政府性债务管理。

10月20日，中国证券业协会发布《证券公司短期公司债券试点办法》，证券公司获准在机构间私募产品报价与服务系统发行短期公司债。

10月21日，英国政府发行的首只人民币主权债券在伦敦证券交易所挂牌交易。

10月28日，经中国人民银行授权，中国外汇交易中心宣布在银行间外汇市场开展人民币对新加坡元直接交易。

11月2日，中国人民银行发布〔2014〕25号公告，决定授权中国工商银行多哈分行担任多哈人民币业务清算行。

11月3日，中国人民银行发布〔2014〕27号公告，决定授权中国工商银行（加拿大）有限公司担任多伦多人民币业务清算行。同日，银行间市场交易商协会发布《中国人民银行金融市场司关于非金融机构合格投资人进入银行间债券市场有关事项的通知》，允许非金融机构合格投资人通过非金融机构合格投资人交易平台进行债券投资交易。

11月4日，中国人民银行、证监会发布《关于沪港股票市场交易互联互通机制试点有关问题的通知》（银发〔2014〕336号）。

11月6日，为全面、准确地反映债券市场发展，综合监测评估债券市场对货币政策及金融稳定的影响，中国人民银行和证监会依据《中华人民共和国中国人民银行法》、《中华人民共和国证券法》，决定建立《债券统计制度》。

11月10日，为促进内地与香港资本市场共同发展，中国证监督管理委员会、香港证券及期货事务监察委员会决定批准上海证券交易所、香港联合交易所有限公司、中国证券登记结算有限责任公司、香港中央结算有限公司正式启动沪港股票交易互联互通机制试点（简称沪港通）。沪港通下的股票交易于2014年11月17日开始。

11月14日，中国人民银行发布〔2014〕26号公告，决定授权中国银行悉尼分行担任悉尼人民币业务清算行。

11月20日，中国银监会下发通知，宣布信贷资产证券化业务将由审批制改为业务备案制，不再针对证券化产品发行进行逐笔审批。

11月21日，中国人民银行决定，自2014年11月22日起下调金融机构人民币贷款和存款基准利率。金融机构1年期贷款基准利率下调0.4个百分点至5.6%；1年期存款基准利率下调0.25个百分点至2.75%，同时结合推进利率市场化改革，将金融机构存款利率浮动区间的上限由存款基准利率的1.1倍调整为1.2倍；其他各档次贷款和存款基准利率相应调整，并对基准利率期限档次作适当简并。

12月1日，中国银行与国家开发银行联合面向个人及非金融机构客户发行首期中行柜台国开行债券，为投资者提供了更为丰富的投资品种。

12月3日，为规范上海黄金交易所银行间黄金询价业务市场秩序，保护市场参与机构的合法权益，根据《上海黄金交易所银行间黄金询价业务交易规则（修订版）》的有关规定，上海黄金交易所会同中国外汇交易中心修订了《银行间黄金询价业务产品指引》。

12月5日，中国证监会就《公司债券发行与交易管理办法（征求意见稿）》、《股票期权交易试点管理办法（征求意见稿）》、《证券期货经营机构参与股票期权交易试点指引》向社会公开征求意见。

12月9日，为贯彻落实党的十八届三中全会精神，进一步简政放权，丰富市场参与主体，促进外汇市场发展，国家外汇管理局发布《国家外汇管理局关于调整金融机构进入银行间外汇市场有关管理政策的通知》（汇发〔2014〕48号）。

12月12日，为建立信托行业市场化风险处置机制，保护信托当事人合法权益，有效防范信托业风险，促进信托业持续健康发展，中国银监会与财政部共同制订并发布《信托业保障基金管理办法》。同日，中国证券会批复同意上海国际能源交易中心组织开展原油期货交易。

12月15日，中国外汇交易中心正式开展人民币对坚戈银行间市场区域交易。

12月18日，为适应国际业务板块对询价交易的业务需求，维护市场参与者的合法权益，防范市场风险，上海黄金交易所修订并印发了《上海黄金交易所询价业务交易细则》。

12月19日，大连商品交易所玉米淀粉期货合约上市交易。

12月27日，中国人民银行下发《关于存款口径调整后存款准备金政策和利率管理政策有关事项的通知》，将原属于同业存款项下的存款纳入各项存款范围，其中包括存款类金融机构吸收的证券类及交易结算类存款、银行业非存款类存放等。

12月29日，为便利银行办理结售汇业务，根据《银行办理结售汇业务管理办法》，国家外汇管理局发布《国家外汇管理局关于印发〈银行办理结售汇业务管理办法实施细则〉的通知》（汇发〔2014〕53号）。

12月30日，为配合上海黄金交易所国际板询价业务上线需要，规范黄金拆借交易市场秩序，保护市场参与机构的合法权益，上海黄金交易所修订并发布了《上海黄金交易所黄金拆借业务交易细则》。

12月31日，中国银监会与财政部、人民银行、证监会、保监会五部委联合发布《金融资产管理公司监管办法》，对资产公司集团综合经营及集团管控从监管制度上进行了规范。

附录二　中国金融市场统计

表1　1998～2014年主要宏观经济金融指标(年末余额)

单位：亿元，%

项目/年份	1998	1999	2000	2001	2002	2003	2004	2005	2006	2007	2008	2009	2010	2011	2012	2013	2014
国内生产总值(GDP)	84 402	89 677	99 215	109 655	120 333	135 823	159 878	184 937	216 314	265 810	314 045	340 903	408 903	484 124	534 123	588 019	636 463
增长率	7.8	7.6	8.4	8.3	9.1	10	10.1	10.4	12.7	14.2	9.6	9.2	10.6	9.5	7.7	7.7	7.4
进出口总额(亿美元)	3 239.3	3 607	4 743	5 097.7	6 208	8 512	11 547	14 221	17 607	21 738	25 616	22 073	201 723	236 402	244 160	258 168	264 335
增长率	−0.4	11.3	31.5	7.5	21.8	37.1	35.7	23.2	23.8	23.5	17.8	−13.9	34.7	17.2	3.2	5.7	2.39
出口(亿美元、亿元)	1 837.6	1 949	2 492	2 661	3 256	4 384	5 934	7 620	9 690	12 205	14 307	12 016	107 023	123 241	129 359	137 131	143 912
进口(亿美元、亿元)	1 401.7	1 658	2 251	2 436.1	2 952	4 128	5 614	6 601	7 915	9 561	11 326	10 059	94 700	113 161	114 801	121 037	120 423
外汇储备(亿美元)	1 450	1 546.8	1 655.7	2 121.7	2 864	4 033	6 099	8 189	10 663	15 282	19 460	23 992	28 473	31 811	33 116	38 213	38 430
外商直接投资(亿美元)	454.6	404	408	468.5	527	535	606	603	694.7	747.7	924	900	1 057	1 160	1 117	1 176	1 196
财政收入	9 876	11 444.1	13 380.1	16 371	18 914	21 691	26 355.9	31 628	38 760.2	51 304	61 330	68 518	83 102	103 874	117 254	129 210	140 350
财政支出	10 798.2	13 187.7	15 879.4	18 844	22 012	24 607	28 360.8	33 708.1	40 222.7	49 565.4	62 593	76 300	89 874	109 248	125 953	140 213	151 662
赤字或盈余	−922.2	−1 743.6	−2 499.3	−2 473	−3 098	−2 916	−2 004.9	−2 080.1	−1 462.5	1 738.6	−1 263	−7 782	−6 772	−5 374	−8 699	−11 003	−11 312
货币供应量(M_2)	104 499	119 898	134 610.3	158 301.9	185 007	221 222.8	25 4107	296 040.1	345 577.9	403 401.3	475 166.6	606 223.6	725 851.79	851 590.9	974 148.8	1 106 524.98	1 228 374.81
增长率	15.3	14.7	12.3	17.6	16.9	19.6	14.9	16.5	16.7	16.7	17.8	27.6	19.7	13.5	14.4	13.6	11
货币供应量(M_1)	38 953.7	45 837.2	53 147.2	59 871.6	70 822	84 118.6	95 969.7	107 279.9	126 028.1	152 519.2	166 217.1	220 004.5	266 621.54	289 847.7	308 664.2	337 291.05	348 056.41
增长率	11.9	17.7	15.9	12.7	18.3	18.8	14.1	11.8	17.5	21.0	9.0	32.4	21.2	7.9	6.5	9.3	3.2
货币供应量(M_0)	11 204.2	13 455.5	14 652.7	15 688.8	17 278	19 746	21 468.3	24 032.8	27 072.6	30 334.3	34 218.96	38 245.97	44 628.17	50 748.46	54 659.77	58 574.44	60 259.53

续表

单位：亿元，%

项目/年份	1998	1999	2000	2001	2002	2003	2004	2005	2006	2007	2008	2009	2010	2011	2012	2013	2014
增长率	10.1	20.1	8.9	7.1	10.1	14.3	8.7	11.9	12.6	12	12.8	11.8	16.7	13.8	7.7	7.1	2.9
城镇居民人均可支配收入(元)	5 245	5 854	6 280	6 859.6	7 703	8 500	9 422	10 493	11 759	13 786	15 781	17 175	19 109	21 810	24 565	26 955	28 844
实际增长率	5.8	9.3	6.4	8.5	13.4	9	7.7	9.6	10.4	12.2	8.4	9.8	7.8	8.4	12.6	9.7	6.8
农村居民人均纯收入(元)	2 163.6	2 210	2 253	2 366	2 475.6	2 622	2 936	3 255	3 587	4 140	4 761	5 153	5 919	6 977	7 917	8 896	9 892
实际增长率	4.3	3.8	2.1	4.2	4.8	4.3	6.8	6.2	7.4	9.5	8	8.5	10.9	11.4	13.5	9.3	11.2
金融机构各项存款	95 697.9	108 779	123 804.4	143 617.2	170 917.4	208 055.6	241 424.3	300 208.6	348 015.6	401 051.4	478 444.2	612 005.1	733 382.03	826 701.35	943 102.27	1 070 587.72	1 173 734.59
增长率	16.1	13.7	13.8	16.0	19.0	21.7	16.0	24.3	15.9	15.2	19.3	27.9	19.8	12.7	14.1	13.5	9.6
金融机构各项贷款	86 524.1	93 734.3	99 371.1	112 314.7	131 293.9	158 996.2	178 197.8	206 838.5	238 279.8	277 746.5	320 048.7	425 622.6	509 225.95	581 892.5	672 874.61	766 326.64	867 867.89
增长率	15.5	8.3	6.0	13.0	16.9	21.1	12.1	16.1	15.2	16.6	15.2	33.0	19.6	14.3	15.6	13.9	13.3
居民消费价格指数(CPI)	-0.8	-1.4	0.4	0.7	-0.8	1.2	3.9	1.8	1.5	4.8	5.9	-0.7	3.3	5.4	2.6	2.6	2

注：1. 根据最新公布数据有所调整往年数据。

2. 2009年以后的进出口总额、进口、出口数据以人民币计。

数据来源:国家统计局、中国人民银行、中国财政部。

表2 1998～2014年新增本外币存贷款构成及增长率(年末余额)

单位：亿元，%

项目/年份	1998	1999	2000	2001	2002	2003	2004	2005	2006	2007	2008	2009	2010	2011	2012	2013	2014
金融机构各项存款	95 697.9	108 778.9	123 804	143 617.2	170 917.4	208 055.6	241 424.3	300 208.6	348 015.6	401 051.4	478 444.21	612 005.1	733 382.03	826 701.35	943 102.27	1 070 587.72	1 173 734.59
比上年末增长	16.1	13.7	13.8	16.0	19.0	21.7	16.0	24.3	15.9	15.2	19.3	27.9	19.8	12.7	14.1	13.5	9.6
其中：城乡居民储蓄	53 407.5	59 621.8	64 332.4	73 762.4	86 910.7	103 617.7	119 555.4	147 053.7	166 616.2	176 213.3	221 503.47	264 756.9	307 166.39	357 901.58	415 549.87	471 090.18	512 790.14
比上年末增长	17.1	11.6	7.9	14.7	17.8	19.2	15.4	23.0	13.3	5.8	25.7	19.5	16.0	16.5	16.1	13.4	8.9
企业存款	32 486.6	37 182.4	44 093.7	51 546.6	60 028.6	72 487.1	84 669.5	101 750.6	118 851.7	144 814.1	164 385.79	224 360	252 960.27	423 086.61	478 730.2	541 793.87	591 069.28
比上年末增长	13.4	14.5	18.6	16.9	16.5	20.8	16.8	20.2	16.8	21.8	13.5	36.5	12.7	67.3	13.2	13.2	9.1
金融机构各项贷款	86 524.1	93 734.3	99 371.1	112 314.7	131 293.9	158 996.2	178 197.8	206 838.5	238 279.8	277 746.5	320 048.68	425 622.6	509 225.95	581 892.5	672 874.61	766 326.64	867 867.89
比上年末增长	15.5	8.3	6.0	13.0	16.9	21.1	12.1	16.1	15.2	16.6	15.2	33.0	19.6	14.3	15.6	13.9	13.3
其中：短期贷款	60 613.2	63 887.6	65 748.1	67 327.2	76 822.4	87 397.9	90 808.3	91 157.5	101 698.2	118 898	128 571.47	151 390.7	171 236.64	217 480.1	268 152.19	311 771.97	336 371.27
比上年末增长	9.4	5.4	2.9	2.4	14.1	13.8	3.9	0.4	11.6	16.9	8.1	17.7	13.11	27	23.3	16.3	7.9
中长期贷款	20 717.8	23 968.3	27 931.2	39 238.1	51 731.6	67 251.7	81 010.1	92 940.5	113 009.8	138 581	164 160.42	235 591.3	305 127.55	333 746.51	363 894.22	410 345.5	471 818.36
比上年末增长	33.9	15.7	16.5	40.5	31.8	30.0	20.5	14.7	21.6	22.6	18.5	43.5	29.5	9.4	9	12.8	15

注：从2011年起，货币供应量数据含住房公积金中心存款和非存款类金融机构在存款类金融机构的存款。
数据来源：中国人民银行。

表3 2006～2014年贷款余额、债券存量、股票市值与GDP的比例

单位：亿元，%

年份	GDP	贷款余额	贷款余额/GDP	债券存量	债券存量/GDP	股票总市值	股票总市值/GDP
2006	216 314	238 280	110.2	92 740	42.9	89 404	41.3
2007	265 810	277 747	104.5	124 470	46.8	327 140.9	123.1
2008	314 045	320 049	101.9	151 648	48.3	121 366.4	38.6
2009	340 903	425 623	124.9	176 430	51.8	243 939.12	71.6
2010	397 983	509 226	128	205 481	51.6	265 422.59	66.7
2011	471 564	581 893	123	223 786	47.5	214 758.1	45.5
2012	519 470	672 875	130	262 058	50.4	230 357.6	44..3
2013	568 845	766 327	135	296 165	52.1	239 077.2	42
2014	636 463	867 868	136	349 783	55.0	372 546.92	59

注：1. 贷款余额指金融机构本外币各类贷款。
　　2. 债券存量包括银行间债券托管数和交易所债券托管数在内的总托管量。
数据来源：中国人民银行、中央国债登记结算有限责任公司、中国证券登记结算有限公司、中国证监会。

表4 2010～2014年社会融资结构情况

单位：万亿元

年份	融资总额	人民币贷款	外币贷款	委托贷款	信托贷款	未贴现银行承兑汇票	企业债券净融资	非金融企业境内股票融资	其他
2010	13.94	7.86	0.49	0.88	0.39	2.34	1.11	0.58	0.29
2011	12.83	7.47	0.57	1.3	0.2	1.03	1.37	0.44	0.45
2012	15.76	8.20	0.92	1.28	1.28	1.05	2.26	0.25	—
2013	17.29	8.89	0.58	2.54	1.84	0.78	1.8	0.22	—
2014	16.46	9.78	0.36	2.51	0.52	−0.13	2.43	0.44	—

注：1. 企业债券净融资不包含金融企业债。
　　2. 其他包含保险公司赔偿、保险公司投资性房地产等其他项。
数据来源：中国人民银行。

表5 1997～2014年银行间同业拆借与债券回购成交情况

单位：亿元

年份	同业拆借	质押式回购交易额	买断式回购交易额
1997	8 298	310	—
1998	1 978	1 021	—
1999	3 291	3 957	—
2000	6 728	15 785	—
2001	8 082	40 133	—
2002	12 107	101 885	—
2003	24 113	117 203	—
2004	14 556	93 105	1 263
2005	12 783	156 784	2 223
2006	21 503	263 021	2 892
2007	106 466	440 672	7 253
2008	150 492	563 830	17 376
2009	193 505	677 007	25 891
2010	278 684	846 533	29 402
2011	334 412	966 650	27 885
2012	467 044	1 366 174	50 966
2013	355 190	1 519 757	61 882
2014	376 626	2 124 191	120 035

数据来源：中国外汇交易中心。

表6 1997～2014年银行间同业拆借成员变化情况

单位：家

年份	银行	证券公司	保险公司	信托公司	财务公司	租赁公司	农村信用联社	城市信用合作社	资产管理公司	汽车金融公司	其他	总计
1997	59	—	—	—	—	—	—	—	—	—	37	96
1998	165	—	—	—	—	—	—	—	—	—	2	167
1999	187	7	—	—	—	—	99	—	—	—	3	296
2000	232	14	—	—	20	—	148	—	—	—	3	417
2001	246	18	—	—	25	—	198	—	—	—	3	490
2002	261	41	—	—	25	—	202	4	—	—	3	536
2003	289	56	—	—	32	—	229	10	—	—	1	617
2004	309	64	—	—	35	—	236	11	—	—	1	656
2005	323	66	—	—	38	—	239	12	—	—	1	679
2006	339	53	—	—	46	—	250	15	—	—	0	703
2007	326	56	—	3	49	—	267	16	—	—	0	717
2008	340	58	—	16	55	4	298	13	2	2	0	788
2009	348	65	6	26	68	6	320	9	3	3	0	854
2010	347	68	6	30	72	11	338	8	3	5	0	888
2011	347	70	7	38	77	11	369	7	4	6	1	937
2012	359	77	7	39	81	16	422	7	5	8	1	1 022
2013	368	82	9	45	98	16	482	7	5	9	1	1 122
2014	349	87	10	54	129	17	547	7	5	13	1	1 219

数据来源：全国银行间同业拆借中心。

表7 1998～2014年票据市场情况

单位：万亿元

年份	累计签发商业票据发生额	累计贴现发生额
1998	0.38	0.27
1999	0.51	0.25
2000	0.74	0.64
2001	1.28	1.55
2002	1.61	2.31
2003	2.77	4.44
2004	3.42	4.71
2005	4.45	6.75
2006	5.43	8.49
2007	5.87	10.11
2008	7.09	13.51
2009	10.27	23.16
2010	12.2	48.6
2011	15.1	25.0
2012	17.9	31.6
2013	20.3	45.7
2014	22.1	60.7

数据来源：中国人民银行。

表8 2006～2014年债券市场成交情况

单位：亿元

年份	银行间市场				交易所市场				柜台市场	
	现券成交量	同比增长(%)	回购交易额	同比增长(%)	现券成交量	同比增长(%)	回购交易额	同比增长(%)	成交金额	同比增长(%)
2006	102 558.6	70.55	265 912.71	67.23	1 977.83	—	16 299.25	—	42.8	-34.86
2007	156 038.21	52.15	447 924.95	68.45	2 051.75	3.74	18 615.47	14.21	35.7	-16.59
2008	371 082.7	137.82	581 205.24	29.76	4 294.73	109.32	24 306.77	30.57	30.4	-14.85
2009	472 646.43	27.37	702 898.6	20.94	4 659.86	8.50	35 975.19	48.00	62.8	106.58
2010	640 418.98	35.50	875 935.55	24.62	5 832.26	25.16	70 053.21	94.73	41.7	-33.60
2011	636 422.9	-0.62	994 534.79	13.54	6 839.9	17.28	209 509.63	199.07	27.89	-33.12
2012	751 952.83	18.15	1 417 140.3	42.49	9 852.7	44.05	393 550.94	87.84	14.99	-46.25
2013	416 106.44	-44.66	1 581 639.6	11.61	17 387.6	76.48	661 023	67.96	18.72	24.88
2014	403 565.2	-3	2 244 225.5	41.89	27 874.4	60.31	907 166.25	37.24	71.7	283.01

注：回购交易额包括质押式回购交易额和买断式回购交易额。

数据来源：中国人民银行、上海证券交易所、深圳证券交易所。

表9 2014年债券市场情况

单位：亿元，%

时间	银行间债券市场			交易所债券市场			柜台市场	
	现券交易额	同比增长	银行间债券总指数	现券交易额	同比增长	交易所国债指数	成交金额	同比增长
2014年1月	19 144.8	-76.08	111.03	1 671.2	27.5	139.58	1.45	79
2014年2月	21 018.0	-58.7	112.42	1 510.2	45	139.9	1.08	-18.18
2014年3月	30 728.2	-63.86	111.84	2 007	27.9	140.54	1.6	-20.4
2014年4月	34 436.2	-49.3	112.53	1 851.1	30	140.8	0.79	-55.62
2014年5月	36 435.8	35.49	113.82	1 593.7	4.5	141.54	2.28	23.24
2014年6月	33 561.5	183.48	114.21	2 048.3	61.8	142.02	2.57	61.64
2014年7月	36 582.3	184.65	113.53	2 485.7	75.4	142.3	27.77	2 103.97
2014年8月	34 171.9	149.64	113.9	2 095.2	58.3	142.74	3.71	7.85
2014年9月	39 893.7	183.78	114.76	2 258.9	35.8	143.6	4.08	296.12
2014年10月	36 556.7	151.42	116.42	2 231.6	95.9	144.49	2.9	90.79
2014年11月	38 485.8	114.71	117.54	3 062.1	82	145.37	13.6	1 171.03
2014年12月	42 550.4	118.72	116.49	5 059.4	149.8	145.68	9.9	851.92
合计	403 565.2	-3	—	27 874.4	44.5	—	71.73	283.01

注：现券成交金额指全价金额，银行间债券总指数指净价指数。

数据来源：中国人民银行、中央国债登记结算有限责任公司、上海证券交易所、中国外汇交易中心。

表10 2004～2014年债券市场发行基本情况

单位：亿元

年份	政府信用债			金融债券				公司信用类债券				信贷资产支持证券	政府支持机构债	中央银行票据	总计
	国债	地方政府债	合计	国开行及政策性银行债	券商短融	其他金融债	合计	非金融企业债券融资工具	企业债券	公司债券	合计				
2004	7 318.8	0.0	7 318.8	4 348.0	0.0	748.8	5 096.8	0.0	326.0	209.0	535.0	0.0	0.0	17 037.3	29 988.0
2005	7 042.0	0.0	7 042.0	6 051.7	29.0	1 036.3	7 117.0	1 424.0	654.0	0.0	2 078.0	41.8	0.0	27 882.0	44 160.8
2006	8 883.3	0.0	8 883.3	8 980.0	0.0	525.0	9 505.0	2 919.5	995.0	142.9	4 057.4	115.8	0.0	36 573.8	59 135.3
2007	23 483.4	0.0	23 483.4	10 931.9	0.0	972.7	11 904.6	3 349.1	1 720.0	407.3	5 476.4	178.1	0.0	40 721.3	81 763.8
2008	8 546.3	0.0	8 546.3	10 809.3	0.0	974.0	11 783.3	6 075.5	2 367.0	976.5	9 419.0	302.1	0.0	42 960.0	73 010.6
2009	16 213.6	2 000.0	18 213.6	11 678.1	0.0	3 071.0	14 749.1	11 509.7	4 252.0	715.0	16 476.7	0.0	0.0	39 740.0	89 179.4
2010	17 778.2	2 000.0	19 778.2	13 192.7	0.0	979.5	14 172.2	11 863.0	3 627.0	1 320.3	16 810.3	0.0	1 090.0	46 608.0	98 458.6
2011	15 397.9	2 000.0	17 397.9	19 972.7	0.0	3 528.5	23 501.2	18 503.2	2 473.5	1 707.4	22 684.1	0.0	1 000.0	14 140.0	78 723.2
2012	14 360.4	2 500.0	16 860.4	21 399.0	561.0	4 233.7	26 193.7	26 547.2	6 499.3	2 722.8	35 769.3	192.6	1 500.0	0.0	80 515.9
2013	16 945.0	3 500.0	20 445.0	20 760.3	2 995.9	1 321.0	25 077.2	28 357.9	4 752.3	4 081.4	37 191.6	157.7	1 900.0	5 362.0	90 133.5
2014	17 047.3	4 000.0	21 047.3	22 900.5	4 246.9	5 459.5	32 606.9	41 217.6	6 952.0	3 483.8	51 653.4	2 793.5	1 850.0	0.0	109 951.1

注：1. 非金融企业债券融资工具包括短期融资券、超短期融资券、中期票据、集合票据、非公开定向融资工具、区域集优中小企业集合票据、非金融企业资产支持票据等；

2. 公司债券包括：公司债、可分离债、可转换债、中小企业私募债等。

数据来源：中国人民银行。

表11 2006～2014年债券市场债券托管情况

单位：亿元

年份	政府信用债			金融债券				公司信用类债券				信贷资产支持证券	政府支持机构债及其他	中央银行票据	银行间托管总量	交易所托管总量	总托管量
	国债	地方政府债	合计	国开行及政策性银行债	券商短融	其他金融债	合计	非金融企业债券融资工具	企业债券	公司债券	合计						
2006	29 048	0	29 048	22 836	0	2 552	25 388	2 667	2 832	288	5 786	188	30	32 300	88 910	3 830	92 740
2007	46 503	0	46 503	28 784	0	3 486	32 270	3 203	4 422	1 131	8 756	324	30	36 587	120 102	4 368	124 470
2008	48 753	0	48 753	36 720	0	4 255	40 975	5 875	6 803	539	13 218	551	30	48 121	148 100	3 548	151 648
2009	55 411	2 000	57 411	44 498	0	6 454	50 952	13 196	10 971	1 135	25 301	399	40	42 326	172 476	3 954	176 430
2010	62 628	4 000	66 628	51 604	0	6 662	58 266	20 271	14 511	3 584	38 366	182	1 130	40 909	199 019	6 462	205 481
2011	67 839	6 000	73 839	64 778	0	9 785	74 563	29 047	16 799	6 023	51 869	95	2 130	21 290	214 260	9 526	223 786
2012	74 236	6 500	80 736	78 582	295	13 126	92 003	40 327	19 310	7 441	67 078	269	8 532	13 440	250 014	12 044	262 058
2013	83 165	8 615	91 780	88 720	810	13 535	103 064	51 483	23 359	10 553	85 394	354	10 067	5 522	276 788	19 377	296 165
2014	91 450	11 624	103 073	99 874	1 134	17 213	118 221	67 901	29 513	12 335	109 749	2 751	11 706	4 282	323 808	25 975	349 783

注：1. 非金融企业债券融资工具包括短期融资券、超短期融资券、中期票据、集合票据、非公开定向融资工具、区域集优中小企业集合票据、非金融企业资产支持票据等；
2. 公司债券包括公司债、可分离债、可转换债、中小企业私募债等。

数据来源：中国人民银行。

表12 2006～2014年国债发行与兑付情况

单位：亿元

年份	发行额	兑付额	期末余额
2006	8 883.3	4 163	29 048
2007	23 483.4	4 090	46 503
2008	8 546.3	4 930	48 753
2009	16 213.6	7 570	55 411
2010	17 778.2	8 605	62 628
2011	15 397.9	8 578	67 839
2012	14 360.4	6 340	74 236
2013	16 945.0	6 606	83 165
2014	17 047.3	7 140	91 450

注：兑付额包含提前兑付和到期兑付。
数据来源:中国人民银行、中央国债登记结算有限责任公司。

表13 2000～2014年银行间债券市场参与机构数

单位：家

年份	银行	证券公司	基金类	保险机构	非银行金融机构	信用社	其他	企业	总计
2000	159	2	32	11	7	102	2	0	315
2001	156	2	41	11	15	254	2	1	482
2002	182	25	78	20	52	423	2	32	814
2003	198	87	192	38	97	575	3	1 889	3 079
2004	231	95	361	63	117	665	11	2 755	4 298
2005	271	103	500	91	121	680	13	3 729	5 508
2006	295	107	613	104	136	711	23	4 450	6 439
2007	308	112	688	113	142	762	30	4 940	7 095
2008	341	117	1 053	128	154	801	24	5 681	8 299
2009	391	123	1 589	131	164	843	16	5 990	9 247
2010	445	123	2 170	135	175	869	19	6 299	10 235
2011	483	128	2 890	144	188	903	55	6 371	11 162
2012	557	133	3 991	154	192	916	97	6 375	12 415
2013	546	130	4 147	140	159	568	128	257	6 075
2014	591	129	4 667	145	175	522	202	250	6 681

注：基金类包括基金公司以及证券投资基金、企业年金、社保基金、基金会、产业基金、保险产品、信托计划、基金特定组合、证券公司资产管理计划等非法人机构。
数据来源：中央国债登记结算有限责任公司。

表14 2014年银行间债券市场结算代理人名单

序号	机构名称	序号	机构名称
1	中国工商银行	25	富滇银行
2	中国农业银行	26	哈尔滨银行
3	中国银行	27	晋商银行
4	中国建设银行	28	贵阳银行
5	交通银行	29	西安银行
6	招商银行	30	福建海峡银行
7	中信银行	31	齐商银行
8	中国光大银行	32	齐鲁银行
9	兴业银行	33	乌鲁木齐市商业银行
10	中国民生银行	34	东莞银行
11	华夏银行	35	成都银行
12	上海浦东发展银行	36	包商银行（暂停）
13	平安银行	37	长沙银行
14	广发银行	38	河北银行
15	恒丰银行	39	厦门银行
16	北京银行	40	青岛银行
17	上海银行	41	上海市农村商业银行
18	南京银行	42	常熟市农村商业银行
19	天津银行	43	汇丰银行（中国）有限公司
20	杭州银行	44	广东顺德农村商业银行股份有限公司
21	汉口银行	45	德意志银行（中国）有限公司
22	大连银行	46	渣打银行（中国）有限公司
23	重庆银行	47	法国巴黎银行（中国）有限公司
24	宁波银行		

资料来源：中国银行间市场交易商协会。

表15　银行间债券市场做市商机构名单

国家开发银行	中国银行
中国建设银行	中信证券
招商银行	中国民生银行
中信银行	中国光大银行
北京银行	杭州银行
恒丰银行	中国农业银行
上海银行	浦东发展银行
汉口银行	中国国际金融有限公司
交通银行	兴业银行
南京银行	国泰君安证券
中国工商银行	广发银行
摩根大通银行（中国）有限公司	渣打银行（中国）有限公司
花旗银行（中国）有限公司	

资料来源：中国外汇交易中心。

表16　债券市场柜台交易银行名单

中国工商银行	招商银行
中国农业银行	中国民生银行
中国银行	北京银行
中国建设银行	南京银行

资料来源：中国人民银行。

表17　2014年度公开市场业务一级交易商名单

中国农业银行股份有限公司	中国银行股份有限公司
中国工商银行股份有限公司	交通银行股份有限公司
中国建设银行股份有限公司	国家开发银行
招商银行股份有限公司	中国光大银行股份有限公司
中国民生银行股份有限公司	上海浦东发展银行股份有限公司
中信银行股份有限公司	兴业银行股份有限公司
中国邮政储蓄银行有限责任公司	广发银行股份有限公司
汉口银行股份有限公司	上海银行股份有限公司
福建海峡银行股份有限公司	北京银行股份有限公司
富滇银行股份有限公司	南京银行股份有限公司
杭州银行股份有限公司	恒丰银行股份有限公司
平安银行股份有限公司	齐商银行股份有限公司
广州银行股份有限公司	哈尔滨银行股份有限公司
江苏银行股份有限公司	徽商银行股份有限公司
厦门银行股份有限公司	河北银行股份有限公司
天津银行股份有限公司	大连银行股份有限公司
贵阳银行股份有限公司	洛阳银行股份有限公司
上海农村商业银行股份有限公司	西安银行股份有限公司
汇丰银行（中国）有限公司	北京农村商业银行股份有限公司
渣打银行（中国）有限公司	花旗银行（中国）有限公司
第一创业证券股份有限公司	中信证券股份有限公司
中国国际金融有限公司	国泰君安证券股份有限公司
广州农村商业银行股份有限公司	宁波银行股份有限公司

资料来源：中国人民银行。

表18 1997～2014年股票市场统计表

年份	上市公司数(家)	上市总股本(亿股)	市价总值(亿元)	流通市值(亿元)	A股筹资总额(亿元)	成交金额(亿元)	平均换手率(%)		平均市盈率(%)		投资者账户(万户)
							上海	深圳	上海	深圳	
1997	745	1 942.7	17 529.2	5 204.4	—	30 721.8	701.8	817.4	39.9	39.9	3 480.3
1998	851	2 526.8	19 505.6	5 745.6	—	23 527.3	453.6	406.6	34.4	30.6	4 259.9
1999	949	3 089.0	26 471.2	8 214.0	—	31 319.6	471.5	424.5	38.1	36.3	4 810.6
2000	1 088	3 791.7	48 090.9	16 087.5	—	60 826.6	492.9	509.1	58.2	56.0	6 123.2
2001	1 160	5 218.0	43 522.2	15 228.8	—	38 305.2	269.3	227.9	37.7	39.8	6 898.7
2002	1 224	5 875.5	38 329.1	12 484.6	737.23	27 990.5	214.0	198.8	34.4	37.0	6 841.8
2003	1 287	6 428.5	42 457.7	13 178.5	665.07	32 115.3	250.8	214.2	36.5	36.2	6 981.2
2004	1 377	7 149.4	37 055.6	11 688.6	642.78	42 333.9	288.7	288.3	24.2	24.6	7 215.7
2005	1 381	7 629.5	32 430.3	10 630.5	339.03	31 663.1	274.4	320.6	16.3	16.4	7 336.1
2006	1 434	14 897.6	89 403.9	25 003.6	2 335.22	90 468.7	541.1	671.3	33.4	33.6	7 854.0
2007	1 550	22 416.9	327 140.9	93 064.4	7 791.57	460 556.2	927.2	1 062.1	59.2	72.1	9 280.6
2008	1 625	24 522.85	121 366.44	45 213.9	2 619.71	267 113.0	392.5	—	14.86	17.13	10 449.7
2009	1 718	26 162.85	243 939.12	151 258.7	3 894.53	535 986.7	—	—	28.73	46.01	12 037.7
2010	2 063	33 184.35	265 422.59	193 110.41	8 954.99	545 633.54	—	—	21.61	44.69	13 391.04
2011	2 342	36 095.52	214 758.10	164 921.3	5 073.07	421 649.72	—	—	13.4	23.11	14 050.37
2012	2 494	38 295.0	230 357.62	181 658.26	1 380.42	314 667.41	—	—	12.3	22.01	14 054.91
2013	2 489	40 569.08	239 077.19	199 579.54	2 802.76	468 728.6	—	—	10.99	27.76	13 247.15
2014	2 613	43 610.13	372 546.96	315 624.31	4 856.43	743 912.98	—	—	15.99	34.05	14 214.68

注：1. A股筹资总额不包含可转债、可分离债等上市公司债券市场融资；
2. 平均换手率包含A股、B股；
3. 平均市盈率指静态市盈率；
4. 投资者账户为年末有效账户数；
5. 部分数据根据中国证监会最新发布数据有所调整。

数据来源：中国证监会、上海证券交易所、深圳证券交易所。

表19　1997～2014年股票市场成交量和股票指数变化情况

单位：亿元

年份	成交金额	日均成交	上证指数				深证综指			
			开盘	最高	最低	收盘	开盘	最高	最低	收盘
1997	30 721.8	126.42	914.06	1 510.18	870.18	1 194.1	326.33	517.91	305.81	381.29
1998	23 527.3	97.1	1 200.95	1 422.98	1 043.02	1 146.7	382.85	441.04	317.1	343.85
1999	31 319.6	131.04	1 144.89	1 756.18	1 047.83	1 366.58	343.29	525.14	310.65	402.18
2000	60 826.6	254.5	1 368.69	2 125.72	1 361.21	2 073.48	402.71	654.37	414.69	635.73
2001	38 305.2	159.6	2 077.08	2 245	1 515	1 645.97	636.62	664.85	439.36	475.94
2002	27 990.5	118.1	1 643.49	1 748.89	1 339.2	1 357.65	475.14	512.38	371.79	388.76
2003	32 115.3	133.25	1 347.43	1 649.6	1 307.4	1 497.04	386.61	449.42	350.74	378.63
2004	42 333.9	174.21	1 492.72	1 783.01	1 259.43	1 266.5	377.93	470.55	315.17	315.81
2005	31 663.1	130.84	1 260.78	1 328.53	998.23	1 161.06	313.81	333.27	237.18	278.75
2006	90 468.7	375.39	1 163.88	2 698.9	1 161.91	2 675.47	278.99	710.14	278.99	706.01
2007	460 556.2	1 903.12	2 728.19	6 092.06	2 612.54	5 261.56	555.26	1 567.74	547.89	1 447.02
2008	267 113.0	1 085.82	5 265	5 497.9	1 706.7	1 820.81	1 450.33	1 584.39	452.33	553.08
2009	535 986.7	2 196.67	1 849.02	3 478.01	1 844.09	3 277.139	560.09	1 234.12	560.1	1 201.34
2010	545 633.54	2 254.68	3 289.75	3 306.75	2 319.74	2 808.08	1 207.33	1 412.64	890.24	1 290.87
2011	421 649.72	1 728.06	2 825.33	3 067.46	2 134.02	2 199.42	1 298.59	1 316.19	828.83	866.65
2012	314 667.41	1 294.93	2 212.00	2 460.69	1 959.77	2 269.13	871.93	1 020.29	724.97	881.17
2013	468 728.6	1 969.45	2 289.51	2 434.48	1 950.01	2 115.98	887.37	1 106.27	815.89	1 057.67
2014	743 913	3 036.38	2 112.13	3 239.36	1 974.38	3 234.68	1 055.88	1 504.48	1 004.93	1 415.19

注：部分数据根据中国证监会最新发布数据有所调整。

数据来源：中国证监会、上海证券交易所、深圳证券交易所。

表20　银行间即期外汇市场人民币交易26家做市商名单

中国工商银行股份有限公司	中国农业银行股份有限公司
中国银行股份有限公司	中国建设银行股份有限公司
交通银行股份有限公司	中信银行股份有限公司
招商银行股份有限公司	中国光大银行
华夏银行股份有限公司	广发银行股份有限公司
平安银行股份有限公司	兴业银行股份有限公司
中国民生银行股份有限公司	国家开发银行
中国邮政储蓄银行	上海银行股份有限公司
南京银行股份有限公司	宁波银行股份有限公司
法国巴黎银行(中国)有限公司	上海浦东发展银行
星展银行（中国）有限公司	美国银行有限公司上海分行
汇丰银行（中国）有限公司	蒙特利尔银行(中国)有限公司
花旗银行（中国）有限公司	渣打银行（中国）有限公司
三井住友银行（中国）有限公司	德意志银行（中国）有限公司
瑞穗银行(中国)有限公司	三菱东京日联银行（中国）有限公司

资料来源：中国外汇交易中心。

表21　1994~2014年外汇市场和外汇储备情况

单位：亿美元，人民币元

年份	外汇储备余额	100美元	100欧元	日元	100港元	100英镑	100元人民币（单位：林吉特）	100元人民币（单位：卢布）	100澳元	100加元	100新西兰元	100新加坡元
1994	516.2	844.91	—	7.78	112.66	—	—	—	—	—	—	—
1995	735.97	831.79	—	8.0703	107.6	—	—	—	—	—	—	—
1996	1 050.49	829.92	—	7.1613	107.19	—	—	—	—	—	—	—
1997	1 398.9	827.98	—	6.3627	106.81	—	—	—	—	—	—	—
1998	1 449.59	827.87	—	7.1719	106.78	—	—	—	—	—	—	—
1999	1 546.75	827.93	—	8.0933	106.51	—	—	—	—	—	—	—
2000	1 655.74	827.81	—	7.2422	106.06	—	—	—	—	—	—	—
2001	2 121.65	827.66	—	6.3005	106.06	—	—	—	—	—	—	—
2002	2 864.07	827.73	863.60	6.9035	106.11	—	—	—	—	—	—	—
2003	4 032.51	827.69	1 033.83	7.7263	106.57	—	—	—	—	—	—	—
2004	6 099.32	827.65	1 126.27	7.9701	106.37	—	—	—	—	—	—	—
2005	8 188.72	807.02	957.97	6.8716	104.03	—	—	—	—	—	—	—
2006	10 663.44	780.87	1 026.65	6.563	100.467	1 532.32	—	—	—	—	—	—
2007	15 282.49	730.46	1 066.69	6.4064	93.638	1 458.07	—	—	—	—	—	—
2008	19 460.3	683.46	965.9	7.565	88.189	987.98	—	—	—	—	—	—
2009	23 992.0	682.82	979.71	7.3782	88.048	1 097.8	—	—	—	—	—	—
2010	28 473.38	662.27	880.65	8.126	85.093	1 021.82	46.649	462.05	—	—	—	—
2011	31 811	630.09	816.25	8.1103	81.07	971.16	50.279	508.6	640.93	617.77	—	—
2012	33 116	628.55	831.76	7.3049	81.085	1 016.11	48.865	485.28	653.63	631.84	—	—
2013	38 213	609.69	841.89	5.7771	78.623	1 005.56	54.141	539.85	543.01	572.59	—	—
2014	38 430	611.9	745.56	5.1371	78.887	954.37	56.737	905.36	501.74	527.55	480.34	463.96

注：外币兑人民币中间价取当年最后一个交易日的中间价。

数据来源：中国人民银行、国家外汇管理局。

表22 1993～2014年期货市场成交情况

单位：亿元，万手

年份	商品期货市场		金融期货市场	
	成交额	成交量	成交额	成交量
1993	5 521.99	890.69	—	—
1994	31 601.41	12 110.72	—	—
1995	100 565.3	63 612.07	—	—
1996	84 119.16	34 256.77	—	—
1997	61 170.66	15 876.32	—	—
1998	36 967.24	10 445.57	—	—
1999	22 343.01	7 363.91	—	—
2000	16 082.29	5 461.07	—	—
2001	30 144.98	12 046.35	—	—
2002	39 490.16	13 943.26	—	—
2003	108 389.03	27 986.42	—	—
2004	146 935.31	30 569.76	—	—
2005	134 448.38	32 284.75	—	—
2006	210 046.34	44 947.41	—	—
2007	409 722.43	72 842.68	—	—
2008	719 141.94	136 388.71	—	—
2009	1 305 107.20	215 742.98	—	—
2010	2 269 852.69	304 194.19	821 397.94	9 147.66
2011	937 503.93	100 372.53	437 659.55	5 041.62
2012	952 862.59	134 546.42	758 406.78	10 506.18
2013	1 264 695.8	186 827.38	1 410 066.21	19 354.93
2014	1 279 712.5	228 343.25	1 640 169.73	2 1758.1

注：从2011年起，期货量成交以单边计算；表中数据均不含期转现交易。
数据来源：中国证监会。

表23　2003～2014年黄金市场成交情况

单位：亿元，吨

年份	成交金额	成交量
2003	459.2	470.7
2004	731.0	665.3
2005	1 069.8	906.4
2006	1 947.5	1 249.6
2007	3 164.9	1 828.1
2008	8 683.9	4 457.6
2009	10 288.8	4 710.8
2010	16 157.8	6 051.5
2011	24 772.2	7 438.5
2012	21 506.3	6 350.2
2013	32 133.8	11 614.5
2014	45 891.6	18 486.7

数据来源：上海黄金交易所。

表24　2007～2014年商业银行OTC黄金业务统计表

业务类别		账户金		品牌金			其他业务								
产品（单位）		美元账户金(万盎司、亿美元)	人民币账户金(吨、亿元)	自营(吨、亿元)	代理(吨、亿元)	黄金积存、定投(吨、亿元)	黄金租赁(吨、亿元)	黄金拆借(吨、亿元)	黄金质押(吨、亿元)	境内美元报价黄金远期(万盎司、亿美元)	境内美元报价黄金期权(万盎司、亿美元)	境内美元报价黄金掉期(万盎司、亿美元)	境内人民币报价黄金远期(吨、亿元)	境内人民币报价黄金掉期(吨、亿元)	境内人民币报价黄金期权(吨、亿元)
2007年	成交量	157.68	352.71	6.09	3.96	—	33.11	1.20	—	204.93	8.48	—	—	—	—
	成交金额	11.08	607.05	11.20	7.16	—	56.40	2.31	—	11.84	0.60	—	—	—	—
2008年	成交量	293.09	1 332.55	33.12	4.13	—	73.99	11.40	—	574.85	6.28	—	—	—	—
	成交金额	25.37	2 546.30	66.68	8.18	—	141.50	20.16	—	54.44	0.58	—	—	—	—
2009年	成交量	579.96	1 381.16	40.73	3.43	0.54	91.29	7.56	—	162.06	2.29	—	—	—	—
	成交金额	57.34	2 923.48	89.90	7.64	1.30	191.98	15.09	—	15.98	0.22	—	—	—	—
2010年	成交量	418.67	1 205.15	80.40	3.06	12.27	155.80	10.63	0.27	257.82	1.74	—	3.09	—	—
	成交金额	51.47	3 227.49	222.90	8.53	35.29	413.25	28.85	—	32.75	0.21	—	8.78	—	—
2011年	成交量	447.20	1 864.40	129.50	6.16	30.30	301.30	31.99	4.56	407.04	6.06	17.99	5.09	—	—
	成交金额	72.21	6 271.71	428.50	21.49	102.18	970.55	104.92	—	64.69	0.90	2.74	17.59	—	—
2012年	成交量	424.35	1 458.89	126.20	10.55	59.85	465.01	54.80	7.426	1 331.50	61.46	49.93	20.95	—	—
	成交金额	70.71	4 947.18	443.70	41.20	205.82	1 583.70	187.23	—	222.01	10.17	8.35	70.91	—	—
2013年	成交量	497.26	1 864.54	198.63	24.89	298.24	947.65	407.23	39.85	991.99	146.88	524.56	29.76	18.63	—
	成交金额	70.39	5 159.69	618.25	87.76	838.09	2 656.29	1 094.43	78.96	136.48	20.39	75.63	79.86	60.86	—
2014	成交量	250.37	910.78	91.36	25.16	594.24	1 370.69	474.80	17.14	1 735.95	40.87	341.08	197.29	10.35	0.03
	成交金额	31.59	2 289.79	250.76	94.19	1 483.77	3 438.19	1 180.97	32.83	218.64	5.18	43.68	496.33	26.01	0.07

表25　2006～2014年利率衍生产品交易情况

单位：笔，亿元

年份	利率互换		债券远期		远期利率协议	
	交易笔数	名义本金额	交易笔数	交易量	交易笔数	名义本金额
2006	103	355.7	398	664.5	—	—
2007	1 978	2 186.9	1 238	2 518.1	14	10.5
2008	4 040	4 121.5	1 327	5 005.5	137	113.6
2009	4 044	4 616.4	1 599	6 556.4	27	60
2010	11 643	15 003.4	967	3 183.4	20	33.5
2011	20 202	26 759.6	436	1 030.1	3	3.0
2012	20 945	29 021.4	56	166.1	3	2
2013	24 409	27 277.8	1	1.01	1	0.5
2014	43 009	40 347.2	—	—	—	—

数据来源：中国外汇交易中心。